KOCHBUCH FÜR LEIB UND SEELE

Impressum

ISBN 978-3-86646-719-4

© 2015 SüdOst Verlag in der H. Gietl Verlag und Publikationsservice GmbH, Regenstauf

www.gietl-verlag.de

Buchgestaltung:

Umschlag: Natalie Poths

Innenteil: Brigitte Weber

Irmi Hofmann

Kochbuch für Leib und Seele

Lieblingsrezepte
für himmlischen Genuss

SüdOst Verlag

Inhalt

FLEISCHLOS GLÜCKLICH
HAUPTSPEISEN VEGETARISCH 59

FÜR DEN KLEINEN HUNGER
KLEINE GERICHTE 83

SÜSSES SCHLIESST DEN MAGEN
NACHSPEISEN 105

SÜSSES ZU KAFFEE UND TEE
KUCHEN UND GEBÄCK 127

ANHANG

Vorwort

„Tu deinem Leib etwas Gutes,
damit die Seele Lust hat,
darin zu wohnen"

(wird Teresa von Avila zugeschrieben)

Menschen, die in ein katholisches Bildungshaus kommen, suchen zunächst Nahrung für Geist und Seele. Wenn jemand länger bleibt, spielt auch das Essen eine wichtige Rolle. Das ist genauso bedeutsam für ein gutes Bildungshaus. Denn das „Essen hält Leib und Seele zusammen".

Wenn wir zuhause Gäste einladen, investieren wir viel Zeit und Liebe in die Vorbereitung. Wir sorgen für eine gute Atmosphäre im Haus. Der Tisch wird schön gedeckt und das Essen liebevoll und mit Herz zubereitet.

Beim Essen wird geplaudert und erzählt, informiert und diskutiert. Anschließend laden wir zum Spaziergang in die Natur ein.

Wir treten heraus aus dem Alltag und verleihen dem Tag eine spezielle Note.

Auch wir versuchen im BildungsZentrum St. Benedikt in Seitenstetten den Rahmen zu schaffen, dass unsere Gäste aus ihrem Alltag aussteigen können.

Als Ort der Begegnung, Auseinandersetzung und Kultur laden wir Menschen zum Verweilen ein. Benediktinische Gastfreundschaft ist dafür eine wesentliche Grundlage: „Man nehme sich mit aller Aufmerksamkeit gastfreundlich ihrer an" (nach der Regel des Hl. Benedikt 53,9).

In einem angenehmen Umfeld und in einer freundlichen Atmosphäre stehen liebevoll zubereitete Speisen im Mittelpunkt – gesund und regional, nachhaltig und bekömmlich.

Beim gemeinsamen Essen werden anregende Gespräche geführt, Gedanken vom Seminar weiterentwickelt und weitergedacht, Gelerntes und Erfahrenes auf den Punkt gebracht und Visionen für die Zukunft angestellt.

Für „Leib und Seele" ist gesorgt.

Wir wünschen Ihnen Liebe und Herz beim Zubereiten der Speisen aus dem Kochbuch des BildungsZentrums, eine gesegnete Mahlzeit und wohltuende Gespräche bei Tisch.

Mit den Worten der Hl. Teresa wünschen wir Ihnen, dass Sie – in Seitenstetten und auch zuhause – Ihrem Leib und somit auch Ihrer Seele etwas Gutes tun.

Weihbischof Dr. Anton Leichtfried, St. Pölten, Vorsitzender des Kuratoriums
Mag.ᵃ Lucia Deinhofer, Leiterin des BildungsZentrums
Mag. Johannes Deinhofer, Leiter des BildungsZentrums

BALSAM FÜR DIE SEELE

„Leben aus starken Wurzeln mit offenem Herzen und weiten Horizonten"
(Leitsatz des BildungsZentrums)

❧

„Das BildungsZentrum St. Benedikt ist eine Einrichtung für die
Erwachsenenbildung in Trägerschaft der Diözese St. Pölten. Es liegt im
westlichen Niederösterreich, dem sogenannten Mostviertel.

Als Bildungs- und Begegnungszentrum wird es in Kooperation mit dem
Stift Seitenstetten geführt.

St. Benedikt ist ein Ort der Begegnung, ein Ort der Bildung
und ein Ort der Kultur."
(Bildungszentrum St. Benedikt)

❧

FÜR'S LEIBLICHE WOHL

KLEINER GAUMENSCHMAUS VORAUS

SUPPEN UND VORSPEISEN

Birnenmost-Suppe

2 kleine Schalotten
2 Knoblauchzehen
1 Karotte
20 g Butter
400 ml Birnenmost
600 ml Gemüsebrühe
100 ml Sahne
150 ml Crème fraîche
Salz, Pfeffer
2 EL kalte Butter
Nach Belieben Brotcroutons, Kräuter oder Schlagsahne zum Garnieren

Schalotten, Knoblauchzehen und Karotte schälen und in kleine Würfel hacken. Butter in einem Topf schmelzen und die Gemüsewürfel darin anschwitzen. Mit Most aufgießen und bis zur Hälfte einkochen lassen. Gemüsebrühe zufügen und weitere 15 Minuten köcheln. Sahne und Crème fraîche einrühren, etwas einkochen, dann mit Salz und Pfeffer abschmecken.
Suppe kurz vor dem Servieren mit kalter Butter schaumig aufmixen. Nach Belieben mit Brotcroutons, Kräutern oder Schlagsahne garnieren.

Brokkoli-Soufflé mit Schnittlauchsoße

Soufflé:
400 g Brokkoli
3 Eier
2 EL Sahne
3 gestrichene TL Speisestärke
2 EL Milch
Salz, Pfeffer, Muskatnuss
Butter für die Förmchen

Schnittlauchsoße:
100 ml trockener Weißwein
100 ml Wasser
100 ml Sahne
2 TL Speisestärke
Salz, Pfeffer, Muskatnuss
1 Bund Schnittlauch, fein geschnitten

Brokkoli putzen, waschen, in Röschen teilen und in wenig Salzwasser oder im Dampf bissfest garen. Vier feuerfeste Förmchen gut mit Butter ausstreichen. Die abgetropften Brokkoliröschen in kleine Stücke teilen oder schneiden. Eier mit Sahne gut verquirlen, Speisestärke mit Milch anrühren, alles vermengen und mit Salz, Pfeffer und Muskatnuss würzen. Brokkoli auf die Förmchen verteilen, Eiermischung darüber gießen. Im Wasserbad (Fettpfanne ca. 3 cm hoch mit heißem Wasser befüllen) im vorgeheizten Backofen bei 200°C ca. 20 - 25 Minuten backen. Für die Soße Wein, Wasser und Sahne zusammen etwa 10 Minuten sanft köcheln lassen. Dann Speisestärke in etwas kaltem Wasser anrühren und die Soße damit

binden. Mit Salz, Pfeffer und gemahlener Muskatnuss abschmecken. Erst kurz vor dem Servieren den Schnittlauch zufügen. Brokkoli-Soufflés auf Teller stürzen und mit Schnittlauchsoße garnieren.

Eierstichsuppe

800 ml Gemüse- oder Fleischbrühe
3 Eier
100 ml Milch
Salz, Pfeffer
Muskatnuss
Schnittlauchröllchen zum Garnieren

Eier mit Milch gut verquirlen, mit Salz, Pfeffer und Muskatnuss würzen. Eimasse in gut gebutterte kleine Förmchen oder Tassen geben. Im Wasserbad zugedeckt bei schwacher Hitze garen oder in einer mit Wasser gefüllten Brat- oder Auflaufform im Backrohr bei ca. 100°C etwa 30 Minuten garen.
Eierstich etwas abkühlen lassen, dann stürzen, eventuell schneiden. Gemüse- oder Fleischbrühe erhitzen, gut abschmecken und den Eierstich darin servieren. Nach Belieben mit Schnittlauchröllchen garnieren.

TIPP: Zum Garen eignet sich auch ein Dampfgarer oder Dampfgartopf.

Feta in Sesamkruste

4 Scheiben Fetakäse (je ca. 100 g)
2 Eier
80 g Sesamkörner
40 g Paniermehl
Salz, Pfeffer
1 Prise Muskatnuss
½ TL Paprikapulver
Öl zum Backen

Eier verquirlen, Sesam mit Paniermehl und Gewürzen mischen. Die Feta-scheiben zuerst durch das verquirlte Ei ziehen, dann in der Sesammasse wenden. Diesen Vorgang wiederholen, damit die Panade dicht schließt.
Die panierten Käsescheiben von beiden Seiten goldgelb in Öl backen. Vorsichtig mit einer Backschaufel wenden. Vor dem Servieren auf Küchenpapier abtropfen lassen. Als Beilagen eignen sich Salate nach Saison.

TIPP: Die Käsescheiben können auch im Backrohr bei guter Hitze auf einem gut gefetteten Blech goldgelb und knusprig gebacken werden. Als Variation können auch Mozzarella- statt Fetascheiben in Haferflocken-Panade statt in Sesam auf die gleiche Weise zubereitet werden.

Fitness-Salat

Salat:
200 g Schnittkäse nach Belieben
1 Schalotte
1 kleiner Kopf Radicchio
40 g Walnusskerne
2 kleine Äpfel

Marinade:
3 EL Walnussöl
3 EL Apfelessig
3 EL Wasser
Salz, Pfeffer
3 TL Zucker

Käse in Streifen oder Würfel schneiden, Schalotte in dünne Scheibchen schneiden. Radicchio putzen, waschen, trocken schütteln und in mundgerechte Stücke schneiden oder zerpflücken. Äpfel vierteln, entkernen und in kleine Scheibchen schneiden.

Salat in eine flache, weite Schüssel geben, Käsestückchen darauf verteilen. Schalotten, Apfelscheiben und Walnusskerne dazugeben und dekorativ vermengen.

Für die Marinade Öl, Essig, Wasser, Salz, Pfeffer und Zucker gut verrühren, abschmecken und gleichmäßig über dem Salat verteilen.

TIPP: Der Fitness-Salat kann mit Käse- und Salatsorten je nach Jahreszeit und Vorrat gut variiert werden. Die Marinadenzutaten vermischen sich besonders gut, wenn sie in einem Marmeladenglas mit Deckel (gut verschließen!) zusammen gut geschüttelt werden.

Grießstrudel als Suppeneinlage

Strudelteig:
150 g Mehl
¼ TL Salz
1 EL Öl
1 Ei
etwas lauwarmes Essigwasser nach Bedarf

Fülle:
40 g Butter
2 Eier, getrennt
70 g Grieß
Salz, weißer Pfeffer, Muskatnuss
2 EL Rahm oder Crème fraîche

Für den Strudelteig Mehl auf die Arbeitsfläche sieben, salzen, von der Mitte aus Öl, Ei und Essigwasser nach Bedarf einarbeiten, bis ein glatter, geschmeidiger Teig entsteht. Teig kräftig kneten und mit der Hand abschlagen, bis er sich von der Arbeitsfläche löst und elastisch wirkt. Zugedeckt oder in Folie gewickelt bei Zimmertemperatur mindestens 30 Minuten ruhen lassen. Anschließend ausrollen, auf einem bemehlten Tuch dünn ausziehen, dabei dicke Ränder vermeiden. Für die Fülle die weiche Butter mit den Eidottern, Grieß, Salz, Pfeffer, Muskat und Rahm oder Crème fraîche glattrühren, Eiweiß zu steifem Schnee schlagen und unter die Masse heben.

Grießmasse auf den ausgezogenen Strudel streichen. Strudel straff einrollen, dann in mundgerechte Stücke einteilen: mit einem dünnen, bemehlten Kochlöffelstiel alle 3 cm eindrücken. An den Teilungsflächen durchschneiden oder mit einem Teigrädchen trennen. Schnittränder gut zudrücken und die Strudelteile in kochendem Salzwasser ca. 8 Minuten garen.

TIPP: Der Strudel kann auch im Ganzen im Dampfgarer oder Dampfdrucktopf gegart und vor dem Servieren in schräge Scheiben geschnitten werden. Die Fülle kann mit Schnittlauch und anderen Kräutern nach Saison variiert werden. Diese Einlage eignet sich ebenso gut für Fleischsuppe wie für Gemüsebrühe.

Grünkernaufstrich

(in der Bildmitte)

❧

100 g geschroteter Grünkern
1 - 2 Lorbeerblätter
ca. 250 ml Gemüsebrühe
1 kleine Zwiebel
1 Knoblauchzehe
50 g Sellerie
1 Karotte
2 - 3 EL Olivenöl
2 TL Tomatenmark
50 g geriebene Nüsse
2 TL Thymianblättchen
Salz, Pfeffer, Muskatnuss
etwas Olivenöl

❧

Grünkernschrot mit Lorbeerblättern in der Gemüsebrühe etwa 10 Minuten sanft köcheln, dann gut ausquellen lassen, Lorbeer entfernen.
Zwiebel und Knoblauch fein hacken, Sellerie und Karotte fein reiben. Alles in heißem Öl andünsten, dann Tomatenmark zugeben und etwas mitrösten. Die geröstete Gemüsemasse unter den etwas abgekühlten Grünkern mischen. Nüsse unterrühren und alles kräftig mit Thymian, Salz, Pfeffer und Muskatnuss abschmecken. Die fertig gewürzte Masse mit dem Stabmixer fein pürieren, dabei etwas Olivenöl dazugeben, damit eine homogene Masse entsteht.

TIPP: Grünkernaufstrich in kleinen Schraubgläschen im Kühlschrank bis zum baldigen Verzehr aufbewahren. Zur Vorratshaltung: Aufstrich in Schraubgläschen im Wasserbad 15 Min. einkochen.

Hirseaufstrich

(siehe Bild Seite 25 oben und unten)

80 g Hirse
ca. 250 ml Gemüsebrühe
40 g Butter
2 TL Senf
100 g Topfen
2 hartgekochte Eier
1 – 2 EL frische Kräuter der Saison, klein gehackt
1 Knoblauchzehe, zerdrückt oder fein gehackt
1 TL Currypulver
Salz, Pfeffer

Hirse in einem Sieb heiß abbrausen, in Gemüsebrühe weich kochen, falls nötig abtropfen, dann abkühlen lassen.
Weiche Butter mit Senf schaumig rühren. Den Topfen und die geschälten, klein gehackten Eier unterrühren. Diese Masse unter die Hirse mengen. Mit Kräutern, Knoblauch, Currypulver, Salz und Pfeffer kräftig abschmecken.

TIPP: Hirseaufstrich schmeckt hervorragend auf frischem Bauern- oder Vollkornbrot.

Karotten-Ingwer-Suppe

1 Zwiebel
2 Knoblauchzehen
3 EL Olivenöl
15 g frischer Ingwer
400 g Karotten
750 ml Gemüsebrühe
1 Prise Zucker
Salz, Pfeffer, gemahlener Ingwer
100 ml Orangensaft
etwas Schlagsahne oder Crème fraîche zum Garnieren

Zwiebel und Knoblauch schälen, in kleine Würfel schneiden und in Olivenöl anschwitzen. Ingwer ebenfalls schälen, fein hacken und mitdünsten. Die geschälten, klein geschnittenen Karotten dazu geben. Mit Gemüsebrühe ablöschen, mit Zucker, Salz, Pfeffer und gemahlenem Ingwer würzen.

Suppe köcheln lassen, bis die Karotten weich sind, dann pürieren. Orangensaft zufügen, nochmals mit Salz, Pfeffer und gemahlenem Ingwer abschmecken und mit einem Löffel Sahne oder Crème fraîche pro Portion servieren.

TIPP: Diese Suppe kann sehr gut als Kürbissuppe variiert werden. Dabei werden die Karotten durch Kürbiswürfel ersetzt, wobei sich Muskat- oder Hokkaido-Kürbis besonders eignen.

Italienisches Fladenbrot

½ *Würfel Hefe*
1 Prise Zucker
lauwarmes Wasser
150 g Mehl
½ *TL Salz*
2 EL Olivenöl
1 - 2 EL kleingehackte frische Kräuter nach Belieben
(Rosmarin, Thymian, Basilikum)
Olivenöl zum Beträufeln
grobes Meersalz zum Bestreuen
1 Rispe Kirschtomaten

Hefe zerbröseln und mit einer Prise Zucker in etwas lauwarmem Wasser auflösen. Mehl mit Salz, Olivenöl und der aufgelösten Hefe in eine Rührschüssel geben. Mit so viel Wasser als nötig zu einem geschmeidigen Teig verrühren. Kräuter untermengen, eine kleine Menge davon zum Bestreuen beiseite stellen. Teig 15 Min. gehen lassen.

Teig vierteln, auf der bemehlten Arbeitsfläche zu Fladen formen. Diese auf ein mit Backpapier belegtes Blech legen, die Oberflächen mit einer Gabel mehrmals einstechen, mit Olivenöl beträufeln und mit Kirschtomaten belegen. Tomaten leicht in den Teig drücken. Fladen mit den restlichen Kräutern und grobem Salz bestreuen. Vor dem Backen etwa 30 Minuten gehen lassen. Bei 180 - 190°C Ober- und Unterhitze etwa 20 Minuten backen. Noch warm servieren.

TIPP: Die Brotfladen können alternativ zum Bestreuen mit Kräutern und Salz mit einer Mischung aus Frischkäse, Crême fraîche und Kräutern bestrichen werden. Die Fladenränder werden frei gelassen und die Kirschtomaten in diesen Belag gedrückt.

Schöberl-Vielerlei als Suppeneinlage

Grundmasse für 1 Backblech:
5 Eier, getrennt
½ TL Salz
Muskatnuss, weißer Pfeffer
100 g Mehl

Eiklar mit Salz zu Schnee schlagen, Dotter verquirlen und unterziehen. Mit Muskat und weißem Pfeffer nach Belieben kräftig würzen, Mehl zügig unterheben. Die Masse auf ein mit Backpapier belegtes Blech streichen und bei 190°C Ober- und Unterhitze etwa 12 Minuten backen. Nach dem Auskühlen stürzen und in Rhomben (Rauten) oder Würfel schneiden.

Diese Grundmasse kann vielfältig variiert werden:

Schnittlauchschöberl: Grundmasse + 2 EL fein geschnittener Schnittlauch
Kräuterschöberl: Grundmasse + 2 EL frische gemischte gehackte Kräuter nach Saison
Kaiserschöberl: Grundmasse + 2 EL fein geschnittener Schinken und 2 EL Erbsen
Kürbiskernschöberl: Grundmasse + 2 EL gehackte Kürbiskerne + 1 EL Kürbiskernöl
Käseschöberl: Grundmasse + 2 EL geriebener Parmesan

TIPP: Da sich Schöberl gut zum Einfrieren eignen und damit rasch als Suppeneinlage verfügbar sind, ist es günstig, sie arbeitssparend gleich in dieser Menge herzustellen.

Selleriecremesuppe

1 Zwiebel
400 g Sellerie
40 g Butter
1/8 l Weißwein
800 ml Gemüsebrühe
1 EL Mehl
100 ml Sahne
2 EL Sauerrahm
Salz, Pfeffer, Muskatnuss
Geröstete Brotwürfel zum Garnieren

Zwiebel fein hacken, Sellerie klein würfeln, beides in Butter anschwitzen. Mit Weißwein ablöschen und mit Gemüsebrühe aufgießen. Sellerie in der Suppe weich kochen, dann pürieren.

Mehl mit etwas Sahne anrühren, restliche Sahne und Sauerrahm unterrühren und mit dieser Masse die Suppe binden. Mit Salz, Pfeffer und Muskat abschmecken. Nach Belieben mit gerösteten Brotwürfeln garnieren.

TIPP: Wer Kartoffelsuppen schätzt, kann die Hälfte der Menge an Sellerie durch mehlig kochende Kartoffeln ersetzen.

Sülze rot-weiß-grün

Rot (Tomatenmasse):
200 ml passierte Tomaten
1 Knoblauchzehe
Salz, Pfeffer
2 ½ Blatt Gelatine

Weiß (Joghurtmasse):
100 g Frischkäse
100 g Naturjoghurt
Salz, Pfeffer
2 ½ Blatt Gelatine
1 TL Zitronensaft

Grün (Kräutermasse):
100 ml Crême fraîche
100 ml Naturjoghurt
Salz, Pfeffer
1 Prise Zucker
2 EL kleingehackte Petersilienblättchen
2 ½ Blatt Gelatine

Eine kleine Terrinenform (etwas mehr als 600 ml Fassungsvermögen) mit kaltem Wasser ausspülen und mit Frischhaltefolie auslegen.
Passierte Tomaten mit dem fein gehackten oder zerdrückten Knoblauch aufkochen lassen, mit Salz und Pfeffer würzen. Gelatine in kaltem Wasser einweichen, gut ausdrücken und in der Tomatenmasse auflösen. Die abgekühlte, aber noch flüssige Masse in die vorbereitete Terrine gießen und mindestens 4 Stunden kalt stellen.

Frischkäse mit Joghurt verrühren, mit Salz und Pfeffer würzen. Gelatine in kaltem Wasser einweichen, gut ausdrücken, in 2 EL heißem Wasser und 1 TL Zitronensaft auflösen. Zwei Esslöffel von der Joghurtmasse unterrühren, dann die Gelatine- masse unter die gesamte Joghurt-Frischkäsemasse rühren. Diese weiße Masse auf der gestockten Tomatenschicht verteilen. Terrine mit Folie abgedeckt weitere 4 Stunden kalt stellen.

Für die grüne Schicht Crême fraîche und Joghurt mit Salz, Pfeffer, Zucker und Petersilie vermengen. Gelatine in kaltem Wasser einweichen, gut ausdrücken, in 2 EL heißem Wasser auflösen und unterrühren. Die grüne Masse auf der weißen verteilen und die Terrine nochmals für 4 Stunden kaltstellen.

Sülze aus der Form stürzen, in Scheiben schneiden und mit Petersilien- oder Kräuterpesto garnieren. Die rot-weiß-grüne Sülze schmeckt sehr gut zu Blattsalat und Schwarzbrot.

BALSAM FÜR DIE SEELE

~§

„Wir pflegen Gastfreundschaft im Sinne des Hl. Benedikt und sorgen für
eine persönliche Atmosphäre in
natürlicher Umgebung mit professioneller und
zeitgemäßer Infrastruktur.

Die Pflege der Gartenanlage als Naherholungsraum für unsere Gäste
hat dabei einen besonderen Stellenwert."
(Bildungszentrum St. Benedikt)

~§

SAFTIG
&
FRISCH

FLEISCH - GEFLÜGEL
UND FISCH

Cordon-Bleu mit Spinat-Fülle

4 doppelt geschnittene Schnitzel (Schwein oder Hähnchen)
Salz, Pfeffer
1 Schalotte, fein gewürfelt
2 Knoblauchzehen, fein gehackt
2 EL Butter
200 g Blattspinat (frisch und blanchiert oder tiefgefroren und aufgetaut)
Salz, Pfeffer, Muskat
4 Blätter gekochter Schinken
100 g Mozzarella, gewürfelt
50 g Mehl
2 Eier
100 g Brösel
Öl zum Backen
Zitronenscheiben und Petersilie zum Garnieren

Die aufgeklappten Schnitzel klopfen, innen und außen salzen und pfeffern. Schalotte und Knoblauch in Butter anschwitzen. Den abgetropften, gehackten Spinat darin schwenken, kurz mitdünsten. Mozzarella-Würfel untermengen, die Masse mit Salz, Pfeffer und Muskat pikant abschmecken.

Schnitzel mit den Schinkenscheiben belegen, Spinat-Mozzarella-Fülle darauf verteilen. Schnitzelhälften zusammenklappen, Ränder andrücken und mit Zahnstochern oder Rouladen-Nadeln fixieren.

Die gefüllten Schnitzel in Mehl, verquirltem Ei und Bröseln wenden. Im heißen Öl langsam goldgelb backen. Auf Küchenpapier abtropfen lassen, mit Zitronenscheiben und Petersilie garnieren.

TIPP: Statt Mozzarella kann auch Feta verwendet werden.
Als Beilage eignen sich Petersilien- oder Rahmkartoffeln.

Filetbraten mit Apfelsoße

ca. 600 g Schweinefilet
Salz, Pfeffer
2 Knoblauchzehen
etwas Mehl
4 EL Butterschmalz oder Butter
2 kleine Zwiebeln, fein gewürfelt
2 säuerliche Äpfel, klein geschnitten
1 TL Kümmel, gemahlen
2 EL Tomatenmark
250 ml Apfelmost
etwas Mehl zum Binden
1 kleiner Bund Petersilie

Garnitur:
2 kleine säuerliche Äpfel
etwas Butter
2 EL Preiselbeeren
einige Petersilienblättchen

Schweinefilet salzen, pfeffern, mit den zerdrückten Knoblauchzehen einreiben, dann in Mehl wenden. In einem Bräter oder Schmortopf Butterschmalz oder Butter erhitzen, Filet rundherum kräftig anbraten, dann herausnehmen. Im Bratrückstand Zwiebelwürfel anrösten, Apfelstücke, Kümmel und Tomatenmark zugeben und kurz durchrösten. Most aufgießen, Bratansatz vom Topfboden lösen. Filetstück wieder hinein geben und im Backrohr bei 160°C etwa 40 Minuten garen.

Soße mit etwas Mehl binden, abschmecken und zuletzt die fein gehackte Petersilie hinzufügen. Filetbraten in Scheiben schneiden, mit Soße und Apfelgarnitur servieren.

Für die Garnitur Äpfel entkernen und halbieren. Apfelhälften in etwas Butter dünsten, mit Preiselbeeren und Petersilienblättchen garnieren.

TIPP: Die Garzeit hängt von der Qualität des Fleisches ab. Statt Petersilie eignet sich auch Zitronenthymian sehr gut zum Würzen.

Gerollter Schnitzel-braten mit Schwarzbrot-Kräuter-Fülle

Brotfülle:
200 g Schwarzbrot, klein gewürfelt
100 ml Milch
125 g weiche Butter
2 Eier
1 TL Kümmel, gemahlen
2 Knoblauchzehen, zerdrückt
Salz, Pfeffer

Kräuterfülle:
1 große Zwiebel, fein gewürfelt
30 g Butter
2 Bund Petersilie oder frische Kräuter nach Belieben, fein gehackt

Schnitzelhülle:
4 große, dünne Schweineschnitzel (doppel-lappig aufgeschnitten)
Salz, Pfeffer
8 Scheiben gekochter geräucherter Schinken
1 Schweinsnetz

Für die Brotfülle Schwarzbrotwürfel mit lauwarmer Milch einweichen. Butter mit Eiern cremig rühren, Schwarzbrotwürfel untermengen. Brotmasse mit Kümmel, Knoblauch, Salz und Pfeffer kräftig abschmecken.
Für die Kräuterfülle Zwiebelwürfel in Butter anrösten, Petersilie oder Kräuter etwas mitdünsten, dann abkühlen lassen.

Schweinsnetz in kaltem Wasser einweichen, etwas ausdrücken und auf einer leicht befeuchteten Arbeitsfläche ausbreiten.

Die aufgeklappten Schnitzel klopfen, beidseitig salzen und pfeffern. Ein großes Stück Alufolie mit wenig Wasser bestreichen, Schnitzel überlappend darauf legen. Schinken dachziegelartig auf den Schnitzeln verteilen.

Brotfülle mit einem befeuchteten Löffel darauf verteilen. Die Kräuterfülle entlang einer Längskante auf der Brotfülle als Linie auftragen. Fleischplatte mit Hilfe der Folie straff einrollen. Schnitzelrolle von der Folie auf das vorbereitete Schweinsnetz gleiten lassen und von allen Seiten gut darin einschlagen. Im vorgeheizten Backrohr bei 180°C Ober- und Unterhitze etwa 45 Minuten braten. Vor dem Anschneiden kurz ruhen lassen.

TIPP: Der gefüllte Schnitzelbraten schmeckt auch kalt, dünn aufgeschnitten, gut zu Bauernbrot.

Gratiniertes Fischfilet

4 Fischfilets nach Wahl
2 EL Zitronensaft
Salz, Pfeffer

Gemüseschicht:
1 Schalotte, fein gewürfelt
1 Knoblauchzehe, fein gehackt
40 g Butter
500 g gemischtes Gemüse nach Belieben
(Champignons, kleine Zucchini, Paprika, Tomaten)
Salz, weißer Pfeffer, Muskat
125 g Mozzarella, klein gewürfelt

Guss:
200 ml Sahne
2 EL Crème fraîche
50 g geriebener Parmesan
Salz, Pfeffer, Muskat
2 EL gehackte frische Kräuter
(Thymian, Basilikum, Oregano oder Estragon nach Wahl)

Fischfilets säubern, säuern mit Zitronensaft, salzen und pfeffern. In eine gut gefettete Auflaufform legen.

Schalotte und Knoblauch in Butter anschwitzen, das geputzte, klein geschnittene Gemüse dazu geben und bissfest mitrösten, mit Salz, Pfeffer und Muskat abschmecken. Mozzarellawürfel untermengen. Die Masse auf den vier Filets verteilen. Sahne in die Pfanne geben, Bratansatz damit lösen, etwas einkochen lassen.

Crème fraîche und Parmesan unterrühren, mit Salz, Pfeffer, Muskat und den Kräutern pikant würzen. Soße über die Fischfilets gießen, Filets im vorgeheizten Backrohr bei 190°C etwa 30 Minuten garen.

TIPP: Dazu schmecken Bandnudeln, Kräuterkartoffeln oder Reis.

Hähnchenbrust mit Grünkernkruste

4 Hähnchenbrüstchen
Salz, Pfeffer
3 EL Öl

Grünkernkruste:
50 g geschroteter Grünkern
ca. 200 ml Gemüsebrühe nach Bedarf
1 kleine Zwiebel oder Schalotte, fein gehackt
1 kleine Stange Lauch, in feinen Röllchen
3 EL Öl
Salz, Pfeffer
1 Sträußchen frische Kräuter nach Belieben
50 g Dinkelmehl
1 Ei, getrennt
Butter für die Form

Kräutersoße:
1 EL Butter
20 g Dinkelmehl
150 ml Gemüsebrühe
2 EL Sauerrahm
2 EL Crème fraîche
Salz, Pfeffer, Muskat
1 Bund frische Kräuter nach Geschmack

Grünkernschrot in Gemüsebrühe aufkochen und ausquellen lassen. Hähnchenbrüstchen waschen, mit Küchenpapier trocken tupfen, salzen, pfeffern und in Öl beidseitig braten. In eine gut gefettete Auflauf- oder Bratform legen.

Zwiebelwürfel und Lauchröllchen in Öl anrösten, den gequollenen Grünkern dazugeben und kurz mitrösten. Mit Salz, Pfeffer und den gehackten Kräutern abschmecken, abkühlen lassen. Dinkelmehl und Eigelb unterrühren. Eiweiß zu Schnee schlagen und unter die Masse ziehen. Grünkernmasse auf die vorgebackenen Hähnchenbrüste streichen. Im vorgeheizten Rohr bei 180°C überbacken, bis die Kruste knusprig ist.

Für die Kräutersoße Butter schmelzen, Dinkelmehl darin anschwitzen, mit Gemüsebrühe aufgießen und gut verrühren. Sauerrahm und Crème fraîche dazugeben, mit Salz, Pfeffer, Muskat und den klein gehackten Kräutern würzen.

Hähnchenkeule auf Marillenragout

Hähnchenkeule:

4 mittlere Hähnchenkeulen
Salz, weißer Pfeffer, süßer Paprika
4 TL Zitronenthymian-Blättchen
2 EL Erdnussöl

Marillen-Ragout:

2 Schalotten, fein gewürfelt
2 EL Öl
2 EL weißer Balsamico-Essig
2 EL Marillen-Konfitüre
1 TL Vanillemark
400 g frische Marillen in kleinen Spalten

Mohn-Kartoffelbällchen:

500 g mehlige Kartoffeln, am Vortag gekocht
80 g Mehl
20 g weiche Butter
2 Eigelb
Salz, weißer Pfeffer, Muskat
Butterschmalz zum Backen
ca. 80 g gemahlener Mohn zum Wälzen

Hähnchenkeulen waschen, mit Küchenpapier trocken tupfen. Rundherum mit Salz, Pfeffer, Paprika und Zitronenthymian würzen, gut mit Öl bepinseln. Auf einem gefetteten Backblech bei 175°C etwa 45 Minuten knusprig backen.

Währenddessen für das Marillen-Ragout Schalottenwürfel in Öl anschwitzen, mit Balsamico ablöschen, Marillenkonfitüre, Vanillemark und Marillenspalten zufügen und alles kurz durchrösten.

Die gekochten Kartoffeln schälen, grob raspeln, mit Mehl vermengen. Butter mit Eigelb schaumig rühren, zur Kartoffelmasse geben, kräftig mit Salz, Pfeffer und Muskat würzen. Aus der Masse kleine Bällchen formen, in leicht siedendem Salzwasser etwa 15 Minuten garen. Bällchen gut abtropfen lassen, dann sofort in gemahlenem Mohn wälzen und mit der Hähnchenbrust im Marillen-Ragout zu Tisch geben.

Käsemedaillons mit Paprikasoße

Käsemedaillons:
8 - 12 Schweinefiletscheiben (ca. 2 cm dick)
Salz, Pfeffer
2 Eier
80 g geriebener Käse
50 g Mehl
Öl zum Backen

Paprikasoße:
3 kleine rote Spitzpaprika
2 Knoblauchzehen
2 EL Butter
150 ml Gemüsebrühe
100 ml Crème fraîche
2 TL Thymianblättchen
Salz, Pfeffer, Muskat
1 TL Zitronensaft

Zunächst die Soße zubereiten: Paprika waschen, putzen und klein würfelig schneiden, Knoblauch schälen und zerdrücken. Butter erhitzen, Paprika und Knoblauch darin anschwitzen, Brühe aufgießen, einige Minuten köcheln. Crème fraîche unterrühren, mit Thymian, Salz, Pfeffer und Muskat würzen und weitere knapp 10 Minuten bei sanfter Hitze köcheln. Soße nach Belieben pürieren, mit Zitronensaft abschmecken.

Schweinefiletscheiben leicht klopfen, salzen und pfeffern. Eier verquirlen, Käse untermengen. Medaillons in Mehl wenden, dann durch die Ei-Käse-Masse ziehen.

Im heißen Öl auf beiden Seiten goldgelb backen. Auf Küchenpapier abtropfen lassen, dann mit der Paprikasoße servieren.

Quinoa-Hähnchen-Pfanne

Hähnchen:
20 g Ingwer
2 Knoblauchzehen
2 EL Sojasoße
1 EL flüssiger Honig
500 g Hähnchenbrustfilet
2 EL Öl
2 EL Butter zum Schwenken

Quinoa-Pfanne:
3 Karotten
1 Bund Frühlingszwiebeln
2 EL Öl
200 g Quinoa (Inkareis)
ca. 250 ml Gemüsebrühe
200 ml Sahne
Salz, weißer Pfeffer
40 g Butter

Für die Fleisch-Marinade Ingwer und Knoblauch schälen und fein hacken, mit Sojasoße und Honig verrühren. Hähnchenfleisch in Würfel schneiden, in der Marinade einige Stunden (über Nacht) im Kühlschrank ziehen lassen.
Öl in einer Pfanne erhitzen, die marinierten Fleischwürfel darin scharf anbraten, dann herausnehmen und warm stellen.
Karotten schälen, in dünne Scheiben schneiden. Frühlingszwiebeln in feine Ringe schneiden, die grünen Ringe beiseitelegen. Öl zum Bratansatz der Hähnchenwürfel geben, die weißen Zwiebelringe und die Karottenscheiben darin rösten.

Das kalt abgebrauste, abgetropfte Quinoa dazugeben. Mit Brühe aufgießen und alles 10 Minuten zugedeckt bei sanfter Hitze unter mehrmaligem Rühren köcheln lassen. Sahne dazugeben, mit Salz und Pfeffer abschmecken und weitere 10 Minuten sanft köcheln. Kurz vor Ende der Garzeit die grünen Zwiebelringe untermengen und durchziehen lassen.

Fleischstücke nochmals kurz in heißer Butter schwenken, dann auf der Quinoa-Pfanne anrichten.

Rinderbraten „italienische Art"

❦

ca. 1 kg Rindfleisch (gut abgehangen, Rose, Rosenspitz, Bug)
Salz, Pfeffer,
3 EL Öl oder Butterschmalz
2 Knoblauchzehen, grob gehackt
1 Zwiebel, gewürfelt oder 2 Frühlingszwiebeln, in Ringe geschnitten
200 g Karotten, gewürfelt
200 g Sellerie, gewürfelt
200 g rote Paprika, gewürfelt
300 g Tomaten, gewürfelt
2 EL Tomatenmark
1 TL Paprikapulver
1 Prise Zucker
wenig Wasser oder Brühe nach Bedarf
1 Zweig Rosmarin
einige Zweige Thymian

❦

Das Fleischstück von allen Seiten salzen und pfeffern und in einem Schmortopf oder Bräter auf allen Seiten im heißen Fett anbraten. Knoblauch, Zwiebel oder Frühlingszwiebeln dazu geben, kurz mitrösten, dann alle anderen Gemüse dazugeben. Mit Tomatenmark, Paprikapulver und einer kleinen Prise Zucker würzen. Nur nach Bedarf etwas Wasser oder Brühe angießen, denn das Gemüse gibt beim Schmoren Flüssigkeit ab.

Rosmarin und Thymianzweige hinzufügen und den mit einem Deckel geschlossenen Topf oder Bräter in das auf 180°C vorgeheizte Backrohr stellen. Bei Ober- und Unterhitze etwa 1 ½ bis 2 Stunden (je nach Reifegrad des Fleisches) garen. Fleisch in dünne Scheiben schneiden, Soße abschmecken und nach Belieben pürieren.

TIPP: Meist gibt das Gemüse genügend Flüssigkeit ab und das Tomatenmark bindet die Soße ausreichend. So ist die leichte Gemüsesoße sehr gut bekömmlich.

Zanderfilet mit Basilikumsauce

Zander:
4 Zanderfilets mit Haut
Zitronensaft
Salz, Pfeffer
2 EL Mehl
3 EL Öl

Basilikumsauce:
1 Bund Basilikum
1/8 l Weißwein
200 ml Sahne
Salz, weißer Pfeffer
Zitronensaft
2 EL kalte Butterstücke
Zitronenscheiben und Basilikumblättchen zum Garnieren

Zunächst die Soße zubereiten: Basilikum waschen, trocken schütteln und die Blättchen abzupfen. Wein auf die Hälfte einkochen, Sahne zugießen und nochmals aufkochen. Basilikumblättchen zugeben, Sauce mixen bzw. pürieren, mit Salz, Pfeffer und Zitronensaft abschmecken. Beiseite stellen, dann kurz vor dem Servieren nochmals kurz aufkochen lassen, die kalten Butterstücke zugeben und kurz aufmixen.

Zanderfilets mit Zitronensaft beträufeln, kurz ziehen lassen, dann mit Küchenpapier trocken tupfen. Fischfilets salzen, pfeffern und in Mehl wenden. Überschüssiges Mehl abklopfen. Die Filets mit der Hautseite zuerst im heißen Öl anbraten, etwas andrücken, dann wenden und auf der zweiten Seite fertig braten.

Zanderfilets mit Basilikumsoße servieren, mit Zitronenscheiben und Basilikum-blättchen garnieren.
Dazu schmeckt eine Kartoffelbeilage und grüner Salat.

BALSAM FÜR DIE SEELE

❧

„Mit unserer Bildungsarbeit orientieren wir uns an den Grundsätzen der katholischen Erwachsenenbildung. Unseren Besucherinnen und Besuchern soll eine weltoffene christliche Spiritualität als wesentliche Kraftquelle zur Lebensbewältigung und zur Gestaltung der Gesellschaft erschlossen werden."
(Bildungszentrum St. Benedikt)

❧

FLEISCHLOS GLÜCKLICH

HAUPTSPEISEN VEGETARISCH

Blätterteigstrudel „griechische Art"

Strudel:
1 Rolle Blätterteig
450 Spinat (frisch blanchiert oder tiefgekühlt)
2 Frühlingszwiebeln, fein geschnitten
2 Knoblauchzehen, fein gehackt
2 EL Olivenöl
Salz, Pfeffer, Muskat
150 g griechischer Schafskäse, gewürfelt
12 schwarze kernlose Oliven
100 ml Crème fraîche
1 Ei, getrennt, zum Bestreichen

Joghurtsauce:
150 g Naturjogurt
2 EL Crème fraîche
1 EL kalt gepresstes Olivenöl
Salz, weißer Pfeffer
2 EL gehackte frische Kräuter nach Saison

Spinat gut abtropfen und grob hacken. Frühlingszwiebeln und Knoblauchze-hen in heißem Olivenöl anschwitzen, Spinat dazu geben und mit Salz, Pfeffer und Muskat würzen. Durchrühren, kurz dünsten, dann den gewürfelten Schafskä-se und die halbierten Oliven dazugeben. Fülle kurz abkühlen lassen, Crème fraîche untermengen, nochmals abschmecken.

Blätterteig ausrollen, an den Rändern mit verquirltem Eiweiß bestreichen. Die Spinatfülle in auftragen, Ränder frei lassen. Strudel einrollen, auf ein mit Back-

papier belegtes Blech legen. An der Oberfläche mehrmals mit einer Gabel einstechen, damit Dampf entweichen kann. Nach Belieben mit Blätterteigresten verzie-
ren. Strudel mit verquirltem Eigelb bestreichen. Im vorgeheizten Backrohr bei
180°C Ober- und Unterhitze etwa 30 Minuten backen. Vor dem Anschneiden kurz
ruhen lassen.
Für die Sauce Naturjoghurt mit Crème fraîche und Olivenöl verrühren, mit Salz,
Pfeffer und frischen Kräutern pikant abschmecken.

Bunte Paprika mit Hirsefülle

~&

4 - 6 Paprikaschoten (rot, gelb oder grün)
3 EL Öl
1 Knoblauchzehe, fein gewürfelt
2 Karotten, fein gewürfelt
1 kleine Stange Lauch, in feinen Streifen
150 g Hirse
ca. 400 ml Gemüsebrühe
2 Eier
40 g weiche Butter
150 g Topfen
Salz, Pfeffer, Muskat
klein gehackte Kräuter nach Geschmack

~&

Paprika waschen, im oberen Viertel quer durchschneiden, sodass ein „Deckel" mit Strunk entsteht. Alle Kerne und weißen Häutchen entfernen.
Öl erhitzen, Knoblauch und Karottenwürfel darin anschwitzen. Mit Gemüsebrühe aufgießen und die Hirse einstreuen. Bei sanfter Hitze etwa 12 Min. köcheln lassen, bis die Brühe von der Hirse aufgesogen ist. Lauchstreifen erst nach der halben Garzeit zufügen. Während des Garens ab und zu umrühren, Masse dann abkühlen lassen.
Eier trennen, Eiweiß mit einer Prise Salz zu steifem Schnee schlagen. Butter mit Dottern schaumig rühren, Topfen untermengen, mit Salz, Pfeffer, Muskat würzen. Diese Masse zur gekochten Hirse geben, Eischnee unterheben, mit den Gewürzen und Kräutern abschmecken.

Hirsefülle in die vorbereiteten Paprika füllen, „Deckel" oben aufsetzen. Paprika in eine gut gefettete Auflaufform stellen, im vorgeheizten Rohr bei 160°C Ober- und Unterhitze ca. 30 Minuten garen, je nach Größe der Schoten.

TIPP: Nach Belieben kann etwas Käse in die Hirsefülle gemischt werden. Die Paprikaschoten können auch längs halbiert und als Schiffchen gefüllt werden.

Erdäpfel-Hüttenkäse-Strudel

Strudelteig:
180 g Mehl
½ TL Salz
2 EL Öl
1 Ei
lauwarmes Wasser nach Bedarf

Fülle:
600 g Kartoffeln
1 Zwiebel
2 EL Öl
400 g Hüttenkäse
1 Ei
Salz, weißer Pfeffer, Muskat
2 EL klein gehackte Kräuter nach Saison
1 Ei, getrennt und etwas Milch zum Bestreichen

Mehl auf die Arbeitsfläche sieben, salzen, in die Mitte eine Vertiefung eindrücken. Ei, Öl und Wasser nach Bedarf von der Mitte aus einarbeiten. Alles rasch und kräftig zu einem glatten, geschmeidigen Teig verarbeiten. Strudelteig mindestens 30 Minuten bei Zimmertemperatur zugedeckt oder in Folie gewickelt ruhen lassen.

Für die Fülle Kartoffeln kochen, etwas abkühlen lassen, dann schälen und würfeln. Zwiebel fein würfeln und in Öl anschwitzen. Zwiebelwürfel, Hüttenkäse und Ei

zu den Kartoffeln geben, pikant mit Salz, Pfeffer, Muskat und Kräutern würzen und gut durchmischen.

Strudelteig dünn ausrollen bzw. ausziehen. Mit der Kartoffelfülle belegen, Ränder frei lassen und mit verquirltem Eiweiß bestreichen. Strudel aufrollen, Ränder zudrücken, Strudel auf ein gut gefettetes Blech oder in eine gut gefettete Bratform legen. Oberfläche mehrmals mit einer Gabel einstechen. Eigelb mit etwas Milch verquirlen, Strudel damit bestreichen. Bei 180°C Ober- und Unterhitze etwa 30 Minuten backen.

Gemüse-Butterschnitzel auf Selleriepüree

Selleriepüree:
1 kleine oder halbe Sellerieknolle
2 EL Butter
Salz, weißer Pfeffer, Muskat
ca. 200 ml Sahne
etwas Zitronensaft

Gemüse-Butterschnitzel:
4 mittelgroße Kartoffeln, frisch gekocht und gepresst
1 Zwiebel, fein gewürfelt
2 Knoblauchzehen, fein gewürfelt
150 g Champignons, klein gewürfelt
1 kleine Zucchini, klein gewürfelt
3 Karotten, geraspelt
100 g Mozzarella, klein gewürfelt
2 kleine Eier
2 EL Kartoffelstärkemehl
1 - 2 EL Petersilie, fein gehackt
Salz, Pfeffer, Muskat
nach Bedarf Weißbrotbrösel zum Binden
Butter, Öl oder Butterschmalz

Sellerie schälen, in kleine Würfel schneiden. Butter in einem Topf aufschäumen lassen, Selleriewürfel darin anschwitzen. Mit Salz, Pfeffer und Muskat würzen. Sahne zugießen und den Sellerie darin weichkochen, dann mit einem

Mixstab pürieren. Püree mit Zitronensaft abrunden und nochmals mit den genannten Gewürzen abschmecken.

Die warmen, durchgepressten Kartoffeln in eine große Schüssel geben.

Zwiebel- und Knoblauchwürfel in Öl anschwitzen, Champignons zufügen, salzen, pfeffern und so lange mitrösten, bis die ausgetretene Flüssigkeit verkocht ist.

Zucchiniwürfel und Karottenraspel ebenfalls in etwas Öl andünsten, Flüssigkeit verdampfen lassen. Alles etwas abgekühlt unter die Kartoffelmasse mengen.

Mozzarellawürfel, Eier und Stärkemehl ebenfalls untermischen. Die Masse mit Salz, Pfeffer, Muskat und Petersilie herzhaft würzen. Nach Bedarf etwas Weißbrotbrösel zum Binden dazugeben, damit die Masse gut formbar ist.

Fingerdicke ovale Schnitzel formen, diese beidseitig in aufschäumender Butter oder in Öl bzw. Butterschmalz knusprig backen. Auf dem nochmals kurz erwärmten Selleriepüree servieren.

Grünkern-Gemüse-Braten

200 g Grünkernschrot
2 EL Butter
2 Zwiebeln, klein gewürfelt
2 Karotten, klein gewürfelt
1 kleine Stange Lauch, in dünne Ringe geschnitten
ca. 500 ml Gemüsebrühe
3 Eier
70 g Walnüsse, gemahlen
70 g Hartkäse, gerieben
Weißbrotbrösel nach Bedarf
Salz, Pfeffer, Muskat
1 EL Thymianblättchen
1 EL Estragon, fein gehackt
Butter für die Form und zum Bestreichen

Grünkernschrot in Butter andünsten, Zwiebeln, Karotten und Lauch dazu geben. Mit Gemüsebrühe aufgießen, je nach Bedarf weitere Brühe nachgießen. Etwa 15 Minuten bei sanfter Hitze köcheln, dabei mehrmals umrühren, dann die Masse ausquellen lassen.

In die abgekühlte Masse Eier, Nüsse, Käse und Brösel nach Bedarf mengen und mit Salz, Pfeffer, Muskat, Thymian und Estragon kräftig abschmecken.

Die Masse zu einem Laib formen und in eine gut gefettete Auflaufform setzen. Mit zerlassener Butter bestreichen und bei 175°C Ober- und Unterhitze etwa 40 Minuten backen. Vor dem Anschneiden etwas ruhen lassen.

Dazu passen alle Salate der Saison.

Hirsotto mit Gemüse

160 g Hirse
1 Zwiebel
2 Karotten
2 Frühlingszwiebeln
100 g Champignons
3 EL Öl
2 EL gehackte Kürbiskerne
ca. 400 ml Gemüsebrühe
Kräutersalz, Pfeffer, Muskat
200 ml Sahne
1 EL Balsamico-Essig
1 EL Sojasauce
2 EL frische Petersilie oder Kräuter nach Belieben
geriebener Parmesan oder
klein gewürfelter, geräucherter Tofu nach Belieben

Hirse heiß abbrausen, abtropfen. Gemüse je nach Art putzen, waschen bzw. schälen. Zwiebel klein würfeln, Karotten raspeln, Frühlingszwiebeln in Ringe, Champignons blättrig schneiden.

Zwiebelwürfel in Öl anschwitzen, Gemüse dazu geben und kurz mitrösten, Hirse und Kürbiskerne zufügen, mit der Hälfte der Gemüsebrühe aufgießen und mit Kräutersalz, Pfeffer und Muskat würzen. Hirsotto sanft köcheln lassen, immer wieder umrühren, den Rest der Gemüsebrühe und Sahne nach Bedarf nach und nach zufügen. Es soll ein dicklicher Brei entstehen.

Kurz vor Ende der Garzeit mit Balsamico-Essig und Sojasauce sowie mit Petersilie oder anderen Kräutern nach Belieben abschmecken.

Hirsotto sofort heiß servieren und Parmesan oder Tofu dazu reichen.

Karotten-Zucchini-Laibchen mit Gurkensauce

Laibchen:
400 g Zucchini
400 g Karotten
etwas Salz
40 g Mehl
40 g Haferflocken
2 Eier
1 EL Petersilie, fein gehackt
2 Knoblauchzehen, fein gehackt
Salz, Pfeffer, Muskat
4 EL Getreideflocken (ungezuckerte Cornflakes) nach Belieben
Öl zum Braten

Gurkensauce:
½ Salatgurke (ca. 150 g), entkernt, klein gewürfelt
100 ml Sauerrahm
100 ml Crème fraîche
1 Knoblauchzehe, zerdrückt
Salz, Pfeffer
1 Prise Zucker

Zucchini und Karotten putzen, Karotten schälen. Beides grob raspeln, salzen, durchmischen und ca. 30 Minuten ziehen lassen. Raspel gut ausdrücken, dann mit Mehl, Haferflocken und Eiern gut vermengen.
Mit Petersilie, Knoblauch, Salz, Pfeffer und Muskat kräftig würzen. Die Gemüse-

masse 10 Minuten ziehen lassen, dann acht Laibchen formen. Nach Belieben in Getreideflocken wenden. In Öl bei mäßiger Hitze beidseitig gut, aber nicht zu dunkel braten. Auf Küchenpapier etwas abtropfen lassen.

Für die Sauce Gurkenwürfel mit Sauerrahm und Crème fraîche mischen, mit Knoblauch, Salz, Pfeffer und einer Prise Zucker würzen.

Kartoffel-Kräuter-Schnecken

Kartoffelteig:
600 g mehlige Kartoffeln
Salz, Pfeffer, Muskat
1 Ei
ca. 80 g Mehl

Kräuterfülle:
200 ml Crême fraîche
50 g geriebener Käse
1 Handvoll frische gehackte Kräuter nach Saison
(Bärlauch, Schnittlauch, Petersilie, Thymian, Estragon, Basilikum, Rauke
oder Wildkräuter nach Belieben)
Salz, Pfeffer, Muskat

Guss:
100 ml Milch
1 Ei
Salz, Pfeffer

Kartoffeln kochen, schälen, noch heiß durch die Presse drücken und auf der Arbeitsfläche etwas abkühlen lassen. Mit Salz, Pfeffer und Muskat kräftig würzen. Ei und Mehl nach Bedarf dazugeben und alles rasch zu einem glatten Teig verarbeiten.

Für die Fülle Crême fraîche, Käse und Kräuter verrühren, mit Salz, Pfeffer und Muskat würzen. Kartoffelteig rechteckig ausrollen und mit der Fülle bestreichen. Teigplatte aufrollen und in ca. daumendicke Scheiben schneiden. Die Schnecken

in eine gut gefettete Auflauf- oder Bratenform setzen und bei 175°C Ober- und Unterhitze etwa 20 Minuten backen.

Für den Guss Milch und Ei gut verrühren, mit Salz und Pfeffer würzen. Schnecken damit überziehen und weitere 10 Minuten goldgelb fertig backen.

Pilz-Risotto

1 Schalotte, klein gewürfelt
40 g Butter
250 g Risotto-Reis
1/8 l Weißwein
ca. ½ l Gemüsebrühe
200 ml Sahne
Salz, weißer Pfeffer, Muskat
250 g Pilze nach Wahl
50 g Butter
50 g Parmesan, frisch gerieben
2 EL frische Kräuter, fein gehackt

Schalottenwürfel in Butter hell andünsten, Risottoreis dazugeben und unter ständigem Rühren glasig anschwitzen, mit Weißwein aufgießen. Wenn der Weißwein eingekocht ist, mehrmals Brühe nach Bedarf zugießen. Sahne erst zum Ende der Garzeit zufügen. Risotto auf kleiner Flamme unter häufigem Rühren insgesamt etwa 20 Minuten bei sanfter Hitze köcheln. Mit Salz, weißem Pfeffer und Muskat abschmecken.

Pilze putzen, vierteln bzw. klein schneiden, in Butter anrösten, mit Salz, weißem Pfeffer und Muskat würzen.

Pilze kurz vor Ende der Garzeit zum Risotto geben und zusammen fertiggaren. Parmesan und Kräuter unterrühren, nochmals abschmecken und sofort zu Tisch geben.

TIPP: Die Konsistenz des Risotto sollte cremig sein, das kann durch die Menge der Flüssigkeit und die Zugabe von Butter und Käse reguliert werden.
Der Risotto kann statt mit Pilzen auch mit Spargelstücken oder mit gehacktem Rucola zubereitet werden.

Rucola-Nockerl auf Salbeibutter

Rucola-Nockerl:

200 g Rucola
30 g Butter
400 g Hüttenkäse
2 Eier
100 g Mehl
100 g geriebener Parmesan
Salz, Pfeffer, Muskat
nach Bedarf 1 – 2 EL Brösel zum Binden

Salbeibutter:

1 große Fleisch- oder Ochsenherztomate
2 EL Butter
8 Salbeiblätter
Salz, Pfeffer
Parmesan zum Bestreuen

Rucola putzen, waschen, abtropfen, einige Blätter zum Dekorieren beiseite legen. Restlichen Rucola fein hacken, kurz in Butter dünsten.
Hüttenkäse mit Eiern, Mehl und Parmesan verrühren. Rucola untermengen und die Masse mit Salz, Pfeffer und Muskat abschmecken. Nur bei Bedarf mit etwas Bröseln binden. Mit einem Esslöffel kleine Nockerl formen, in leicht siedendem Salzwasser ziehen lassen, bis sie an der Oberfläche schwimmen.
Für die Salbeibutter die Fleisch- oder Ochsenherztomate vierteln, Kerne entfernen, Fruchtfleisch in Würfel schneiden. Butter in einer Pfanne schmelzen, Salbeiblätter anschwitzen, Tomatenwürfel zugeben, mit Salz und Pfeffer würzen, alles kurz dünsten lassen.

Rucola-Nockerl auf der Salbeibutter anrichten, mit Parmesan bestreuen und mit Rucola-Blättern garnieren.

Spinat-Lasagne

ca. 12 Lasagneblätter

Spinat-Feta-Fülle:
500 g Blattspinat
1 Zwiebel, fein gewürfelt
2 Knoblauchzehen, fein gehackt
3 EL Öl
Salz, Pfeffer, Muskatnuss
400 g Fetakäse, gewürfelt

Béchamelsoße:
50 g Butter
2 EL Mehl
500 ml Milch
Salz, Pfeffer, Muskat

Obere Schicht:
2 – 3 große Fleischtomaten, in Scheiben
50 g Parmesan, gerieben

Blattspinat waschen, abtropfen, verlesen, grob schneiden. Zwiebelwürfel und Knoblauch in Öl anschwitzen, Spinatblätter dazugeben und andünsten. Mit Salz, Pfeffer und Muskat würzen.

Butter in einem hohen Topf erhitzen, Mehl in der Butter hell anschwitzen. Nach und nach Milch aufgießen, dabei kräftig mit dem Schneebesen rühren, damit keine Klümpchen entstehen. Soße mit Salz, Pfeffer und Muskat würzen.

Eine gefettete Auflauf- oder Lasagneform mit einer Schicht Lasagneblätter belegen. Die Hälfte der Spinatmasse und der Fetawürfel darauf verteilen. Ein Drittel der Béchamelsoße darüber gießen. Eine weitere Schicht Lasagneblätter darauf legen

und mit dem restlichen Spinat und Feta belegen. Mit einem weiteren Drittel der Soße begießen. Die dritte Schicht Lasagneblätter darauf legen. Tomatenscheiben darauf verteilen. Den Rest der Béchamelsoße über die Tomatenschicht gießen. Mit geriebenem Parmesan bestreuen. Im vorgeheizten Backrohr bei 175°C Ober- und Unterhitze etwa 35 Minuten backen.

BALSAM FÜR DIE SEELE

⁓

„Wir sind bestrebt, achtsam mit Menschen, Dingen und Ressourcen
umzugehen und möglichst ökologisch und nachhaltig zu wirtschaften.
Für die Verpflegung bevorzugen wir Produkte aus der Region und aus
naturnaher Landwirtschaft."
(Bildungszentrum St. Benedikt)

⁓

FÜR DEN KLEINEN HUNGER

KLEINE GERICHTE

Crêpes „italienische Art"

Teig:
120 g Mehl
1 gute Prise Salz
2 Eier
100 ml Milch
Etwas Mineralwasser nach Bedarf
Öl zum Backen

Füllung:
2 Frühlingszwiebeln
2 EL Olivenöl
150 g Tomaten
200 g Mozzarella
4 EL Crème fraîche
1 EL Thymianblättchen
1 EL Salbeiblätter, fein gehackt
Salz, Pfeffer
1 Prise Zucker
1 EL weißer Balsamico-Essig

Guss:
100 ml Sahne
2 EL Sauerrahm
Salz, Pfeffer, Muskat
3 EL geriebener Parmesan
Butter für die Form

Mehl und Salz in eine Rührschüssel geben, von der Mitte aus mit Eiern, Milch und Mineralwasser nach Bedarf zu einem glatten, dünnflüssigen Teig verrühren. Mindestens 30 Minuten quellen lassen, dann in wenig Öl dünne Crêpes backen.

Für die Fülle Frühlingszwiebeln putzen und in feine Ringe schneiden. Tomaten klein würfeln. Mozzarella ebenfalls in Würfel schneiden. Frühlingszwiebeln in Öl anschwitzen, Tomatenwürfel kurz mitdünsten, etwas abkühlen lassen. Mozzarella und Crème fraîche untermengen, mit Thymian, Salbei, Salz, Pfeffer, Zucker und Balsamico-Essig pikant abschmecken.

Crêpes mit der Fülle bestreichen, aufrollen und dicht nebeneinander in eine gefettete Auflaufform setzen.

Für den Guss Sahne mit Sauerrahm verrühren. Mit Salz, Pfeffer und Muskat abschmecken und über die Crêpes gießen. Parmesan darüber streuen. Im vorgeheizten Backrohr bei 180 Grad etwa 15 - 20 Minuten goldgelb backen.

Curry-Crêpes mit Ziegenkäsefülle

Crêpe-Teig:

60 g Dinkelvollkornmehl
40 g Maismehl oder Weizenmehl
½ TL Salz
2 TL Currypulver
2 kleine Eier
200 ml Milch
Öl zum Backen

Fülle:

4 Karotten
2 EL Öl
1 Prise Zucker
Salz, Pfeffer
150 g Ziegenkäse, klein gewürfelt

Eierguss:
1 Ei
100 ml Milch
Kräutersalz, Pfeffer, Muskatnuss

Dinkelvollkornmehl, Mais- oder Weizenmehl mit Salz und Currypulver vermischt in eine Rührschüssel sieben, Eier und Milch von der Mitte aus nach und nach unterrühren. Crêpeteig mindestens 30 Minuten ruhen lassen.

Karotten schälen, raspeln oder in feine Streifen schneiden und in Öl andünsten. Mit einer Prise Zucker, Salz und Pfeffer würzen und die Ziegenkäsewürfel untermengen.

Für den Eierguss Ei mit Milch verquirlen, mit Kräutersalz und Pfeffer und Muskatnuss würzen.

Crêpeteig nochmals durchrühren. Falls er zu dick sein sollte, etwas Milch oder Wasser zufügen. Crêpes backen, mit der Gemüse-Käse-Masse füllen, in eine gut gefettete Auflaufform setzen und mit dem Eierguss übergießen. Im vorgeheizten Backrohr bei 175°C etwa 15 - 20 Minuten backen.

Erdäpfel-Blätterteig-Rolle mit Kräutern

1 P. Blätterteig aus der Kühltheke
600 g mehligkochende Kartoffeln
ca. 80 g Mehl
1 Ei
1 TL Salz
Muskat
Mehl zum Ausrollen

Fülle:

200 g Crème fraîche
4 EL frische Kräuter nach Saison, klein gehackt
Salz, Pfeffer, Muskat
1 Ei, getrennt, zum Bestreichen

Kartoffeln kochen, schälen, noch heiß durch die Presse drücken. Auf der gut bemehlten Arbeitsfläche etwas abkühlen lassen. Ei und nur so viel Mehl als nötig, Salz und Muskat dazugeben und alles rasch zu einem glatten Teig verkneten. Blätterteig auf Backpaper ausrollen. Kartoffelteig etwas kleiner als die Blätterteigplatte ausrollen. Eiweiß verquirlen, Blätterteigränder damit bestreichen. Kartoffelteigplatte auf den Blätterteig legen.

Für die Fülle Crème fraîche mit den Kräutern verrühren, mit Salz, Pfeffer und Muskat kräftig abschmecken. Kräutercreme gleichmäßig auf die Kartoffelplatte streichen.

Nun die beiden Teigschichten der Länge nach zusammen aufrollen, die Ränder gut zusammendrücken. Die Rolle mit dem Backpapier auf ein Blech ziehen. Blätterteig

mit verquirltem Ei bestreichen, an der Oberfläche mit der Gabel mehrmals einstechen oder mit dem Messer quer einritzen, damit Feuchtigkeit entweichen kann.
Im vorgeheizten Backrohr bei 175°C Ober- und Unterhitze etwa 35 – 40 Minuten
backen.

TIPP: Die Fülle kann auch mit gedünstetem Gemüse nach Belieben ergänzt
werden. Mit Salaten der Saison eignet sich der Strudel gut für ein Mittagessen.

Falafel

100 g Kichererbsen
ca. 200 ml Salzwasser oder Brühe zum Kochen
100 g Bulgur
ca. 250 ml Gemüsebrühe
1 Zwiebel, klein gewürfelt
2 – 3 Knoblauchzehen, klein gewürfelt
2 EL Öl
1 Bund Petersilie, gehackt
½ TL Kreuzkümmel, gemahlen
Salz, Pfeffer, Chillipfeffer
1 TL Paprikapulver
Paniermehl oder Brösel nach Belieben
Öl zum Backen

Kichererbsen über Nacht in kaltem Wasser einweichen, Wasser abgießen, Kichererbsen in frischem Salzwasser oder in Brühe etwa 30 Minuten kochen. Bulgur etwa 10 Minuten in der Gemüsebrühe kochen, dann ausquellen und etwas abkühlen lassen.

Zwiebel- und Knoblauchwürfel in etwas Öl andünsten. Mit Kichererbsen, Bulgur und Petersilie mischen und mit dem Mixstab zu einer homogenen Masse mixen. Mit allen Gewürzen herzhaft abschmecken. Aus der Masse kleine Bällchen formen, nach Belieben in Paniermehl oder Bröseln wälzen und in heißem Öl backen.

TIPP: Man kann die Falafel-Masse auch als Laibchen ohne Panade in wenig Öl in der Pfanne braten. Etwas rote Quinoa unter den Bulgur gemischt ergibt gesprenkelte Bällchen (Foto). Als Beilagen schmecken Joghurt-Dips mit Kräutern.

Gemüsetaler

*500 g gemischtes, festkochendes Gemüse
(Karotten, Sellerie, Erbsen, Brokkoli usw.)
1 Schalotte, fein gehackt
1 Knoblauchzehe, fein gehackt
2 EL Öl
100 ml Gemüsebrühe
2 kleine Eier
2 gehäufte EL Haferflocken
1 EL Mehl
1 Bund frische, klein gehackte Kräuter nach Saison
Salz, Pfeffer, Muskat
1 TL Zitronensaft
Öl oder Butterschmalz zum Braten*

Gemüse je nach Sorte waschen, schälen, putzen, grob raspeln oder klein würfeln. Schalotte und Knoblauch in Öl hell anschwitzen, Gemüsewürfel oder –raspel dazu geben, kurz mitrösten, salzen und pfeffern. Mit wenig Gemüsebrühe ablöschen und bissfest garen.

Gemüse eventuell abtropfen, abkühlen lassen, dann mit Eiern, Haferflocken, Mehl und Kräutern vermengen und mit den Gewürzen abschmecken. Taler formen und in Öl auf beiden Seiten goldgelb braten.

TIPP: Dazu schmecken Kräutertopfen oder Crème fraîche mit frischen Kräutern. Die Gemüsetaler eignen sich auch gut als Beilage.

Gratinierte Buchweizennockerl

Nockerl:
160 g Buchweizen
ca. 300 ml Wasser oder Gemüsebrühe
100 g Mehl
60 g Weichweizengrieß
2 Eier
2 EL Sauerrahm
Salz, Pfeffer, Muskat
Petersilie oder Kräuter nach Belieben
nach Bedarf 1 – 2 EL Brösel zum Binden
Butter für die Form

Käsesoße:
40 g Butter
200 ml Sahne
150 g Gorgonzola
Salz, Pfeffer, Muskat
1 EL frische gehackte Kräuter zum Garnieren

Buchweizen in leicht gesalzenem Wasser oder in Brühe etwa 10 Minuten kochen, dann quellen und abkühlen lassen. Anschließend mit Mehl, Grieß, Eiern und Sauerrahm gut vermengen. Mit Salz, Pfeffer, Muskatnuss und fein gehackten frischen Kräutern würzen. Nur bei Bedarf mit Bröseln binden.
Mit einem befeuchteten Esslöffel kleine Nockerl aus der Masse formen. Nockerl in leicht siedendem Salzwasser gar ziehen lassen, dann herausheben, abtropfen lassen und in eine gut gebutterte Auflaufform setzen. Mit der Käsesoße überziehen.

Für die Soße Butter schmelzen, Sahne und Käse in kleinen Stückchen dazugeben und den Käse bei geringer Hitze schmelzen lassen. Soße mit Salz, Pfeffer und Muskat kräftig abschmecken und über die Nockerl gießen. Im vorgeheizten Backrohr bei 180°C etwa 10 Minuten gratinieren.
Vor dem Servieren mit frischen Kräutern garnieren.

TIPP: Gorgonzola kann auch durch eine andere Käsesorte ersetzt werden.

Käsetarte

Teigboden:
220 g Mehl
½ TL Backpulver
½ TL Salz
1 Eiweiß
3 EL Mineralwasser
120 g Butter

Fülle:
200 g Creme fraîche
200 g Frischkäse
1 Eigelb
1 Ei
200 ml Sahne
2 EL Speisestärke
Salz, Pfeffer, Muskatnuss
100 g geriebener Käse
3 Tomaten, geschält, in Scheiben geschnitten

Das mit Backpulver und Salz vermischte Mehl auf die Arbeitsfläche geben. In der Mitte eine kleine Mehlgrube formen. Eiweiß und Mineralwasser hineingeben und mit etwas Mehl vermengen. Butter in kleinen Flöckchen auf den Mehlrand geben und alles zusammen rasch zu einem geschmeidigen Teig verarbeiten.

Teig zugedeckt 30 Minuten kühl ruhen lassen, dann auf der bemehlten Arbeitsfläche etwas größer als die Tarteform ausrollen. Die gebutterte Form mit der Teigplatte auslegen, einen Rand hochziehen, mehrmals mit einer Gabel in den Teigboden stechen.

Für die Fülle Creme fraîche mit Frischkäse, Eigelb und Ei glattrühren, die Speisestärke mit etwas Sahne anrühren und mit der gesamten Sahnemenge ebenfalls

unter die Masse mengen. Mit Salz, Pfeffer und Muskatnuss würzen und den geriebenen Käse unterziehen. Die Käsemasse auf dem Teigboden verteilen. Die ent-
kernten Tomatenscheiben dekorativ darauf legen und die Tarte bei 175°C etwa
35 - 40 Minuten backen. Sollte die Oberfläche zu stark bräunen, gegen Ende der
Backzeit mit Backpapier abdecken.

TIPP: Die Tarte kann mit frischen Kräutern nach Saison variiert werden.

Pikante Kräutertorte

Teig:
150 g Mehl
½ TL Salz
½ Würfel Hefe
½ TL Zucker
lauwarmes Wasser nach Bedarf
2 EL Öl
1 Ei

Fülle:
2 Handvoll frisch gehackte Kräuter nach Saison
(Schnittlauch, Bärlauch, Petersilie, Basilikum, Rauke, Thymian, Oregano,
Kerbel, Pimpinelle, Estragon)
250 g Topfen oder Frischkäse
200 ml Sahne
100 g geriebener Käse
2 Eier
Salz, Pfeffer, Muskatnuss
frische Kräuter zum Garnieren

Mehl mit Salz in eine Rührschüssel geben. Hefe zerbröseln, mit Zucker in etwas Wasser auflösen und zum Mehl geben. Öl, Ei und lauwarmes Wasser nach Bedarf dazugeben und alles mit dem Rührhaken zu einem geschmeidigen Teig verkneten. Teig schlagen, bis er sich vom Schüsselrand löst, dann zugedeckt bei Zimmertemperatur etwa 30 Minuten gehen lassen.
Teig nochmal durchkneten, dann auf etwas Mehl ausrollen und in eine kleine (24 cm), gut gefettete Tortenform geben. Rand dabei etwa 3 cm hochziehen, mit einer Gabel mehrmals in den Teigboden stechen. Teig nochmals kurz gehen lassen.

Für die Fülle Topfen oder Frischkäse, Sahne, Käse und Eier gut verrühren, mit Salz, Pfeffer und Muskat abschmecken. Die frischen gehackten Kräuter nach Wahl untermengen. Fülle auf dem Teigboden verteilen. Kräutertorte im vorgeheizten Backrohr bei 175°C etwa 35 - 40 Minuten backen. Nach dem Abkühlen mit frischen Kräutern garniert servieren.

Quiche Lorraine „vegetarisch"

Teig:
180 g Mehl oder Vollkornmehl
¼ TL Salz
1 Ei
etwas Mineralwasser nach Bedarf
100 g Butter

Fülle:
2 kleine Stangen Lauch
250 g Champignons
3 EL Olivenöl
2 Eier
100 ml Sahne
120 g Emmentaler, gerieben
Salz, Pfeffer, Muskat

Mehl mit Salz auf die Arbeitsfläche geben, in die Mitte ein Grübchen drücken, Ei und Mineralwasser nach Bedarf hineingeben, mit etwas Mehl vermengen. Butter in kleinen Flöckchen auf den Mehlrand geben, alles rasch zu einem glatten Teig verkneten. Teig zugedeckt oder in Folie gewickelt mindestens 30 Minuten kalt ruhen lassen.

Eine Tarteform oder eine kleine Tortenform fetten. Teig etwas größer als die Grundfläche der Form ausrollen, damit ein Rand hochgezogen werden kann. Form mit der Teigplatte auslegen, Rand hochziehen.

Lauch waschen, abtropfen, in kleine Ringe schneiden und kurz in etwas Öl andünsten. Champignons putzen, in Scheiben schneiden und im heißen Öl anrösten,

bis die austretende Flüssigkeit verdampft ist. Etwas abkühlen lassen, dann die Gemüse auf dem Teigboden verteilen.

Eier mit Sahne verrühren, geriebenen Käse dazu geben, mit Salz, Pfeffer und Muskat würzen. Diese Masse über Lauch und Champignons verteilen. Im vorgeheizten Backrohr bei 180°C Ober- und Unterhitze auf der unteren Schiene etwa 35 – 40 Minuten backen. Sollte die Oberfläche zu sehr bräunen, gegen Ende der Backzeit mit Backpapier abdecken.

Waldviertler Erdäpfelrollen

Kartoffelteig:
800 g mehlige Kartoffeln
2 kleine Eier
1 gestr. TL Salz
1 Prise Muskatnuss
Mehl nach Bedarf

Fülle:
1 kleine Zwiebel, fein gewürfelt
2 Knoblauchzehen, fein gewürfelt
3 EL Öl
150 g Pilze, fein geschnitten
2 EL Petersilie, fein gehackt
500 g Hackfleisch
2 Eier
Salz, Pfeffer, Muskatnuss
Schmalz oder Öl zum Backen

Kartoffeln kochen, schälen, noch heiß durch die Presse drücken und auf etwas Mehl auf die Arbeitsfläche geben. Mit Salz und Muskat würzen und mit den Eiern und Mehl nach Bedarf rasch zu einem glatten Teig verkneten. Teig auf einem bemehlten Tuch ca. 1 cm dick ausrollen und sofort mit der Hackfleischfülle bestreichen.

Für die Fülle Zwiebel- und Knoblauchwürfel in etwas Öl anschwitzen, die fein geschnittenen Pilze dazu geben und kurz mitdünsten, zuletzt die Petersilie zufügen. Hackfleisch mit den Eiern vermischen, dann die etwas abgekühlte Pilzmasse untermengen und alles mit Salz, Pfeffer und Muskat kräftig abschmecken.

Die Kartoffelteigplatte mit der Fleischmasse bestreichen, dicht aufrollen, dann in daumendicke Scheiben schneiden und im heißen Fett auf beiden Seiten goldgelb backen. Danach 20 Minuten bei 150°C Ober- und Unterhitze im Rohr fertig garen.

TIPP: Für Kartoffelteig eignen sich nur mehlige Kartoffeln, festkochende ergeben nicht die erforderliche Konsistenz für den Teig. Je nach Jahreszeit kann mit beliebigen Kräutern variiert werden.

BALSAM FÜR DIE SEELE

~⸙

„Unser Bildungsangebot will Menschen auf dem Weg zu selbst-
bestimmten, freien Persönlichkeiten begleiten. Ganzheitliche Bildung
in unserem Sinn will zu einer sinnvollen Lebensgestaltung anleiten, den
sozialen Zusammenhalt stärken und zu einer solidarischen Kultur des
Miteinanders beitragen.

Bei der Suche nach einer gerechteren Gesellschaft wollen wir besonders
die benachteiligten Gruppen der Gesellschaft im Blick behalten. Durch
unsere Bildungsarbeit werden Denkprozesse in Gang gebracht und
Initiativen unterstützt, die zu mehr Lebensqualität führen.“
(Bildungszentrum St. Benedikt)

~⸙

SÜSSES SCHLIESST DEN MAGEN

NACHSPEISEN

Äpfel mit Knusperhaube

4 mittelgroße Äpfel
2 EL säuerliche Marmelade
8 Walnusskernhälften

Knusperhaube:
60 g weiche Butter
60 g Zucker
1 P. Vanillezucker
1 Prise Salz
2 Eier, getrennt
80 g Mehl
etwas Milch nach Bedarf

Äpfel schälen, Kerngehäuse ausstechen – die Äpfel müssen dabei ganz bleiben. Äpfel mit einem scharfen Messer an den Außenseiten längs einritzen um die Garzeit zu verringern. Nebeneinander in eine gefettete Auflaufform stellen, mit säuerlicher Marmelade und jeweils 2 Walnusshälften füllen.

Butter mit Zucker, Vanillezucker und Eidottern schaumig rühren, Mehl und Milch nach Bedarf gut untermengen. Eiweiß mit Salz zu steifem Schnee schlagen und unter den Teig ziehen.

Die Masse als Hauben über den Äpfeln verteilen. Im vorgeheizten Backrohr bei 175°C Ober- und Unterhitze etwa 35 Minuten backen.

TIPP: Große Äpfel können quer halbiert und mit der Schnittfläche nach unten in die Form gesetzt werden. Reife, aromatische, süß-säuerliche Äpfel bringen den besten Geschmack und erhöhen den Genuss.

Erdbeer-Rhabarber-Dessert

300 g Rhabarber
1 TL abgeriebene Zitronenschale
2 EL Zucker
1 P. Vanillezucker
4 EL Wasser
200 g Erdbeeren
2 EL Orangenlikör
1 EL flüssiger Honig
150 ml Sahne

Rhabarber waschen, schälen, in 3 cm lange Stücke schneiden. Sehr dicke Rhabarberstangen in kürzere Stücke schneiden. Rhabarber mit Zitronenschale, Zucker und Vanillezucker in wenig Wasser vorsichtig dünsten, damit die Stücke nicht zerfallen. Rhabarber mit etwas Kochflüssigkeit auf vier Dessertschalen verteilen und abkühlen lassen.

Erdbeeren putzen, in Hälften oder Viertel schneiden. Orangenlikör mit Honig verrühren und die Erdbeeren darin marinieren, bis der Rhabarber abgekühlt ist.

Sahne steif schlagen. Die Erdbeeren auf die Rhabarberstücke geben, mit Sahnehäubchen servieren.

Hollerblüten-Mousse

200 ml Sahne
4 g gemahlene Gelatine (1/2 P.)
150 g Naturjogurt
150 ml Holunderblütensirup
Holunderblüten zum Garnieren

Sahne steif schlagen. Die genau abgewogene Gelatine in 2 Esslöffeln Wasser und 1 Esslöffel Holunderblütensirup einweichen, dann erwärmen und auflösen. Joghurt mit Holunderblütensirup verrühren, dann 2 EL davon in die lauwarme Gelatine rühren. Die Gelatinemasse nun sofort unter den Holunder-Joghurt rühren. So wird Klümpchenbildung vermieden.

Die steif geschlagene Sahne unterheben und die Masse auf vier Dessertschälchen verteilen. Einige Stunden kühlen.

Nach Belieben mit Holunderblüten garnieren.

TIPP: Der Holunderblütensirup aromatisiert und süßt das Dessert. Je nach Zucker-Konzentration im Sirup und nach Geschmack kann die Sirupmenge variiert werden.

Joghurt-Bananen-Schnitten

Boden:
2 Eier, getrennt
100 g Zucker
1 Prise Salz
1 P. Vanillezucker
100 g Mehl
½ P. Backpulver

Belag:
6 Blatt Gelatine
300 ml Sahne
1 P. Vanillezucker
2 reife Bananen
150 g Joghurt
2 – 3 EL Nougatcreme

Guss:
150 ml Sahne
75 g dunkle Schokolade

Eiweiß mit 50 g Zucker steif schlagen. Eigelb mit dem restlichen Zucker, Salz und Vanillezucker schaumig rühren. Das mit Backpulver vermischte Mehl untermengen, Eischnee unterheben. Teig auf ein mit Backpapier belegtes kleines Blech oder in eine Backform streichen und bei 180°C Ober- und Unterhitze etwa 15 Minuten backen. Teigplatte auf mit Zucker bestreutes Backpapier stürzen und abkühlen lassen.

Gelatine einweichen, ausdrücken und in etwas Wasser auflösen. Sahne mit Vanillezucker steif schlagen. Bananen klein schneiden, mit Joghurt und Nougatcreme
mixen. Etwas von der Masse in die aufgelöste Gelatine geben, dann Gelatine unter
die Bananen-Nougatmasse rühren. Zuletzt die Schlagsahne unterheben.
Die Sahnemasse auf dem abgekühlten Teigboden verstreichen und mit dem
Schokoguss überziehen. Für den Guss Schokolade in der Sahne schmelzen und so
weit abkühlen lassen, dass die Masse noch streichfähig ist. Alles gut durchkühlen
lassen, am besten über Nacht.

Joghurt-Terrine auf Fruchtspiegel

Joghurt-Terrine:
6 Blatt Gelatine
etwas Zitronensaft
200 ml Sahne
1 P. Vanillezucker
300 ml (2 Becher) Naturjogurt
150 ml Topfen
50 g Puderzucker

Fruchtspiegel:
300 g Früchte nach Saison (Erdbeeren, Himbeeren, Heidelbeeren)
2 EL Zitronensaft
1 P. Vanillezucker
2 EL Zucker
einige frische Früchte zum Garnieren

Gelatine in kaltem Wasser einweichen, dann ausdrücken und in Zitronensaft auflösen. Sahne mit Vanillezucker steif schlagen.
Joghurt mit Topfen und Puderzucker verrühren, die aufgelöste Gelatine unterrühren. Die steif geschlagene Sahne unterziehen und die Masse in eine kalt ausgespülte oder mit Klarsichtfolie ausgelegte Terrinenform füllen. Über Nacht kalt stellen. Zum Servieren stürzen und in 8 Stücke schneiden.
Die verlesenen frischen Früchte pürieren und mit Zitronensaft, Vanillezucker und Zucker nach Belieben abschmecken. Fruchtspiegel auf vier Dessertteller verteilen, jeweils zwei Stücke der Joghurtterrine darauf anrichten und mit frischen Früchten garnieren.

Mocca-Panna-Cotta

400 ml Sahne
40 g brauner Zucker
1 P. Vanillezucker
40 ml heißer Mocca
4 g gemahlene Gelatine
2 EL Wasser
etwas Schlagsahne und einige Schokoladen-Mokkabohnen
zum Garnieren

Sahne mit Zucker und Vanillezucker in einem Topf erhitzen und etwa 10 Minuten köcheln lassen.

Gemahlene Gelatine in kaltem Wasser einweichen, anschließend im heißen Mocca auflösen. Mocca dann in die gekochte Sahne rühren. Die Masse in Förmchen oder Gläschen füllen und einige Stunden, am besten über Nacht, kalt stellen. Nach Belieben jeweils mit einem Tupfen Schlagsahne oder einigen Schokoladen-Mokka-Bohnen garnieren.

TIPP: Die Mocca-Panna-Cotta kann auch in kleinen Espresso-Tassen serviert werden. Gelatine bitte genau abmessen, denn bei Verwendung von zu viel Gelatine geht der zarte Schmelz der Creme verloren und sie wird zu fest.

Durch das Kochen der Sahne reichen 2 Blatt oder 4 g gemahlene Gelatine aus.

Mohnflammeri mit Fruchtsoße

Flammeri:
300 ml Milch
1 Prise Salz
1 P. Vanillezucker
25 g Grieß
25 g Mohn, fein gemahlen
40 g Zucker
3 Blatt Gelatine
200 ml Sahne

Fruchtsoße:
400 g Früchte nach Saison (auch tiefgefroren)
1 P. Vanillezucker
Zucker nach Geschmack

Milch mit Salz und Vanillezucker aufkochen. Grieß und Mohn einstreuen, unter Rühren aufkochen und ca. 10 Minuten bei sanfter Hitze ausquellen lassen. Zucker dabei unterrühren.

Die in etwas kaltem Wasser eingeweichten und leicht ausgedrückten Gelatineblätter in die heiße Masse mengen. Sahne steif schlagen und unter die etwas abgekühlte Masse ziehen.

Flammeri in geölte oder mit kaltem Wasser ausgespülte Förmchen füllen, völlig erkalten lassen und bis zum Verzehr gut kühlen. Vor dem Servieren stürzen, auf Fruchtsoße anrichten und nach Belieben mit frischen Früchten garnieren.

Für die Fruchtsoße Früchte nach Saison (z. B. Erdbeeren, Himbeeren, Sauerkirschen, Marillen) mit Zucker und Vanillezucker nach Geschmack pürieren.

TIPP: Werden tiefgefrorene Früchte für die Soße verwendet, so können sie mit Zucker erhitzt und mit etwas Vanillepuddingpulver gebunden werden.

Topfen-Früchte-Rollen

1 Rolle Blätterteig
1 Ei, getrennt, zum Bestreichen

Topfenfülle:
250 g Topfen
1 Ei
etwas abgeriebene Zitronenschale
50 g Zucker
1 P. Vanillezucker
100 g Heidelbeeren

Zuckerguss:
150 g Puderzucker
etwas Zitronensaft

Für die Topfenfülle Topfen, Ei, Zitronenschale, Zucker und Vanillezucker gut verrühren. Blätterteig ausrollen, in Quadrate schneiden, die Ränder mit verquirltem Eiweiß bestreichen.

Topfenfülle in die Mitte der Blätterteigquadrate geben, Heidelbeeren darauf verteilen. Blätterteigquadrate mit der Fülle einrollen, Ränder gut zudrücken. Oberfläche mit einem Messer einritzen und mit verquirltem Eigelb bestreichen.

Blätterteigrollen auf einem mit Backpapier belegten Blech im vorgeheizten Rohr bei 180°C Ober- und Unterhitze etwa 20 Minuten backen.

Für den Guss Puderzucker mit Zitronensaft glattrühren und die noch warmen Rollen damit bestreichen.

TIPP: Die Topfen-Rollen können gut mit Früchten der Saison variiert werden.

Topfenschmarrn

250 g Topfen
50 g Mehl
50 ml Milch
2 Eier, getrennt
1 Prise Salz
40 g Zucker
1 P. Vanillezucker
40 g Rosinen nach Belieben
Butterschmalz zum Backen
Zucker, Puderzucker oder eine Zimt-Zucker-Mischung zum Bestreuen

Topfen mit Mehl und Milch glatt verrühren. Eidotter mit Salz und Zucker cremig rühren und unter die Topfenmasse mengen. Eiklar mit Vanillezucker zu steifem Schnee schlagen und unter die Masse ziehen. Nach Belieben Rosinen untermengen.

Teig in Portionen im heißen Butterschmalz bei mäßiger Hitze goldgelb backen. Wenn die Unterseite goldbraun gebacken ist, den Schmarrn wenden, mit zwei Gabeln zerteilen und goldgelb fertig backen. Vor dem Servieren mit Zucker bestreuen.

TIPP: Die Masse kann auch auf einem mit Backpapier belegten kleinen Blech oder in einer gut gefetteten Auflaufform bei 175°C im vorgeheizten Backrohr ca. 20 Minuten gebacken und anschließend in Rauten geschnitten werden.
Als Beilage schmecken Apfelspalten, die in Zuckerwasser mit Zimtrinde und wenig Nelken bissfest gegart werden.

Warme Schokoladentörtchen

100 g dunkle Kuvertüre
50 g Butter
2 Eier
1 Prise Salz
30 g Zucker
1 P. Vanillezucker
30 g Mehl
1 MSP Backpulver
4 – 6 Schokoladenstückchen

Kuvertüre mit Butter im Wasserbad schmelzen, etwas abkühlen lassen. Eier mit Salz, Zucker und Vanillezucker zu einer hellen, cremigen Schaummasse rühren. Das mit Backpulver vermischte Mehl unter die Schaummasse mengen, dann die Schokoladenmasse rasch unterrühren.

Gut die Hälfte des Teiges in gebutterte, bemehlte ofenfeste Förmchen oder Tassen füllen. Jeweils ein Schokoladenstückchen in die Mitte legen, mit dem restlichen Teig bedecken.

Im vorgeheizten Backrohr bei 180°C auf einem fingerdick mit heißem Wasser befüllten Blech etwa 12 - 15 Minuten backen. Schokoladentörtchen warm servieren, so haben sie einen schmelzenden Schokoladenkern.

TIPP: Für kleine Portionen kann die Masse auf 6 Espressotässchen aufgeteilt werden. Die Schokoladenstückchen für die Fülle können nach Geschmack (Kakaogehalt hoch oder niedrig, Mocca-, Nuss- oder weiße Schokolade) variiert werden.

TISCHGEBET

❦

„Du bist in unserer Mitte, Gott, wenn wir nun Mahl halten. Wir erfahren
dich im Genuss der Gaben und in der Gemeinschaft bei Tisch. Segne
unser Essen und Trinken, Zeichen deiner Güte und Zuwendung, segne
alle, die sie uns bereitet haben, und segne uns, die wir nun speisen dürfen,
mit Appetit. Amen."
(Georg Schwikart)

❦

Gebet aus: 100 Tischgebete. Verlag Herder, 2009, www.herder.de ISBN: 978-3-451-32501-4

FÜR'S LEIBLICHE WOHL

SÜSSES ZU KAFFEE & TEE

KUCHEN UND GEBÄCK

Apfelbrot

750 g süß-säuerliche Äpfel (z. B. Schöner von Boskoop)
180 g brauner Zucker
1 P. Vanillezucker
200 g gehackte Nüsse
180 g Sultaninen
1 EL Kakao
½ TL Nelken, gemahlen
½ TL Zimt, gemahlen
4 EL Most oder Apfelschnaps
350 g Mehl
1 P. Backpulver
1 Prise Salz

Äpfel schälen, in kleine Scheibchen schneiden, mit Zucker und Vanillezucker in einer gut verschließbaren Schüssel vermengen. Über Nacht kühl ziehen lassen. Falls Saft entsteht, nicht abgießen!

Nüsse, Sultaninen, Kakao, Nelken- und Zimtpulver in die Apfelmasse mengen, ebenso den Most bzw. Apfelschnaps. Das mit Backpulver und Salz vermischte Mehl unter die Masse rühren.

Teig in zwei kleine, mit Backpapier ausgelegte Kasten- oder Brotformen füllen und bei 175°C Ober- und Unterhitze 50 – 60 Minuten backen. Um zu starke Bräunung gegen Ende der Backzeit zu verhindern, gegebenenfalls mit Backpapier abdecken.

TIPP: Apfelbrot bleibt sehr saftig, wenn es in Folie gewickelt kalt gestellt durchziehen kann. Apfelschnaps oder Most können auch durch Apfelsaft ersetzt werden. Apfelbrot zum Servieren in sehr dünne Scheiben schneiden, das ergibt mehr aromatisch duftende Oberfläche.

Cantuccini

2 Eier
120 g Zucker
2 P. Vanillezucker
1 Prise Salz
etwas Zitronenabrieb
1 EL Honig
200 g Mehl
½ TL Backpulver
200 g geschälte ganze Mandeln

Eier mit Zucker, Vanillezucker und Salz zu einer hellen, cremigen Schaummasse rühren. Zitronenabrieb und Honig unterrühren. Das mit Backpulver vermischte Mehl und die Mandeln untermengen.

Teig auf eine gut bemehlte Arbeitsfläche geben, zu einer Kugel formen, dann zugedeckt oder in Folie gewickelt 30 Minuten kaltstellen.

Teig in fünf gleiche Stücke teilen, daraus jeweils daumendicke Rollen formen, diese mit etwas Abstand nebeneinander auf ein mit Backpapier belegtes Blech setzen. Im vorgeheizten Backrohr bei 180°C etwa 12 - 15 Minuten hell backen.

Die vorgebackenen Rollen mit einem scharfen Messer schräg in fingerdicke Scheiben schneiden. Scheiben mit der Schnittfläche nach oben auf das Backblech legen, nochmals in das Backrohr schieben und weitere ca. 6 Minuten goldgelb rösten.

TIPP: Die völlig erkalteten Cantuccini in eine Blechdose verpacken. Cantuccini können zur Weihnachtszeit gut mit Walnüssen und Zimt variiert werden.

Espresso-Sahne-Schnitten

Teigboden:
150 g weiche Butter
120 g Zucker
6 Eidotter
200 g Mehl
1 TL Backpulver
etwas Milch nach Bedarf
6 Eiweiß
180 g Zucker
1 Prise Salz
100 g Mandelblättchen

Cremefüllung:
6 Blatt Gelatine
60 ml Espresso
400 ml Sahne
2 P. Vanillezucker
40 g Puderzucker
150 g Naturjogurt

Butter, Zucker und Eidotter zu einer cremigen Masse schlagen, das mit Backpulver vermischte Mehl untermengen, Milch nach Bedarf dazu geben. Teig auf ein mit Backpapier belegtes Blech streichen.

Eiweiß mit Zucker und Salz zu steifem Schnee schlagen, auf die Teigschicht streichen und mit Mandelblättchen bestreuen. Bei 170°C Ober- und Unterhitze etwa 20 Minuten hell backen. Nach dem Auskühlen der Länge nach in zwei schmale Teile schneiden und mit der Espresso-Creme füllen.

Für die Creme Gelatineblätter in Wasser einweichen, dann ausdrücken, im heißen Espresso auflösen und etwas abkühlen lassen. Sahne mit Vanillezucker steif schlagen. Puderzucker in den Naturjoghurt rühren, ebenso den abgekühlten Espresso mit der aufgelösten Gelatine. Die Schlagsahne sofort unterziehen.

Einen der Teigstreifen mit den Mandelblättchen nach oben auf eine Platte setzen, dann die Espresso-Sahne-Masse darauf verteilen.

Den zweiten Teigstreifen mit einem scharfen Messer in Schnitten einteilen und leicht einschneiden (so drückt man die Fülle beim Anschneiden nicht heraus) und mit den Mandelblättchen nach oben auf die Fülle setzen. Die Fülle an den Seiten mit einem Messer oder einer Palette glätten.

Espresso-Sahne-Schnitten vor dem Servieren einige Stunden (über Nacht) gut durchkühlen lassen.

Knusper-Mandel-Torte

Rührteig:
100 g weiche Butter
120 g Zucker
½ P. Vanillezucker
2 Eier
120 g Mehl
1 TL Backpulver
1 Prise Salz
etwas Milch nach Bedarf

Belag:
100 g Butter
80 g Zucker
2 EL Honig
2 EL Sahne
50 g gestiftelte oder gehackte Mandeln
100 g Mandelblättchen

Butter mit Zucker, Vanillezucker und Eiern zu einer hellen Schaummasse schlagen. Mehl mit Backpulver und Salz vermischen und unterrühren. Milch nach Bedarf zugeben.

Teig in eine gefettete, bemehlte oder mit Backpapier belegte Tortenform füllen. Bei 175°C Ober- und Unterhitze etwa 15 - 20 Minuten vorbacken.

Für den Belag Butter mit Zucker, Honig, Sahne und den gestiftelten oder gehackten Mandeln einmal aufkochen. Etwas abkühlen lassen, dann nochmals durchrühren und auf dem Teigboden verteilen. Mandelblättchen darüber streuen und die Torte bei 175°C weitere 15 Minuten backen. Sollte der Knusperbelag zu sehr bräunen, Torte gegen Ende der Backzeit mit Backpapier abdecken.

Mohnroulade

Roulade:
6 Eier
1 Prise Salz
150 g Zucker
60 g gemahlener Mohn
60 g Mehl
1 TL Backpulver

Fülle:
ca. 100 g Marmelade oder Konfitüre nach Geschmack
400 ml Sahne
2 EL Zucker
Puderzucker zum Besieben

Eier trennen, Eiweiß mit Salz und Zucker zu steifem Schnee schlagen. Dotter verquirlen und unterziehen. Gemahlenen Mohn mit Mehl und Backpulver mischen und vorsichtig unterheben. Auf einem mit Backpapier belegten Blech bei 180°C Ober- und Unterhitze etwa 12 Minuten backen.

Biskuitplatte auf ein mit Zucker bestreutes Backpapier stürzen, etwas abkühlen lassen und mit dem Papier einrollen. Die völlig abgekühlte Roulade ausrollen, mit glatt gerührter Marmelade oder Konfitüre nach Wahl bestreichen.

Sahne mit Zucker steif schlagen und auf der bestrichenen Roulade verteilen. Roulade aufrollen, einige Stunden kalt stellen und vor dem Servieren mit Puderzucker besieben.

TIPP: Die Roulade kann saisongemäß auch mit frischen Früchten, z. B. Himbeeren, Heidelbeeren oder Erdbeeren variiert werden. Säuerliche oder zuckerreduzierte Marmelade (aus Johannisbeeren, Preiselbeeren oder Marillen) gibt eine interessante Note.

Schoko-Nuss-Taler

100 g Mehl
½ P. Backpulver
100 g gehackte Walnüsse
100 g gemahlene Walnüsse
100 g geriebene Schokolade
100 g Zucker
1 P. Vanillezucker
1 Prise Salz
1 Prise Zimt
1 Ei
100 g Butter

Mehl mit Backpulver vermischt auf die Arbeitsfläche geben, mit den gehackten und gemahlenen Walnüssen und der geriebenen Schokolade vermengen. In die Mitte eine Vertiefung eindrücken, Zucker, Vanillezucker, Salz, Zimt und Ei hineingeben und in das Mehl-Nuss-Gemisch mengen. Butter in Flöckchen dazugeben und alles rasch zu einem glatten, festen Teig verkneten.

Teig zu mehreren daumendicken Rollen formen und in Folie gewickelt mindestens 2 Stunden sehr gut kühlen, besser über Nacht. Mit einem scharfen Messer knapp fingerdicke Scheiben abschneiden, diese auf ein mit Backpapier belegtes Blech legen und bei 175°C Ober- und Unterhitze etwa 12 - 15 Minuten backen. Auf Abstand der Taler achten, sie zerfließen gerne!

Nach dem vollständigen Erkalten bis zum Verzehr in Blechdosen aufbewahren.

TIPP: Mehl- und Nusssorte können nach Belieben variiert werden, auch Mandeln eignen sich.

Streuselkuchen mit Topfenfülle

Streusel:

275 g Mehl
½ P. Backpulver
1 Prise Salz
125 g Zucker
1 P. Vanillezucker
1 Ei
180 g Butter

Topfenmasse:

80 g weiche Butter
80 g Zucker
½ P. Vanillezucker
2 Eier, getrennt
1 Prise Salz
etwas Zitronenabrieb
1 EL Weichweizengrieß
500 g Topfen

Für die Streusel Mehl, Backpulver, Salz, Zucker und Vanillezucker in eine Schüssel geben und vermengen. Ei und Butter in kleinen Flöckchen einarbeiten, sodass Streusel entstehen.

Für die Topfenfülle Butter mit Zucker, Vanillezucker und Eidottern schaumig schlagen, Zitronenabrieb dazu geben, Grieß und Topfen unterrühren. Eiweiß mit einer Prise Salz steif schlagen und unterheben.

Etwa zwei Drittel der Streusel auf dem Boden und am Rand einer Torten- oder Tarteform verteilen und leicht andrücken. Die Topfenfülle darauf streichen und mit den restlichen Streuseln bestreuen.

Bei 175°C Ober- und Unterhitze etwa 40 Minuten backen. Sollten die Streusel zu sehr bräunen, zum Ende der Backzeit mit Backpapier abdecken.

Topfenstollen

500 g Mehl
1 P. Backpulver
100 g gemahlene Mandeln
100 g gehackte Mandeln
180 g Zucker
1 P. Vanillezucker
1 Prise Salz
Abrieb einer unbehandelten Zitrone
2 Eier
500 g Topfen
200 g Butter
75 g Orangeat, fein gehackt
75 g Zitronat, fein gehackt
120 g Sultaninen

Zum Fertigstellen:
100 g zerlassene Butter zum Bestreichen
Zuckermischung aus 100 g Zucker, 100 g Puderzucker, ½ P. Vanillezucker

Mehl mit Backpulver vermischen und zusammen mit den gemahlenen und gehackten Mandeln auf die Arbeitsfläche geben. In die Mitte eine Vertiefung eindrücken, Zucker, Vanillezucker, Salz, Zitronenabrieb, Eier und Topfen dazugeben und mit etwas Mehl vermengen. Zitronat, Orangeat und Sultaninen (falls eingeweicht, gut abgetropft bzw. getrocknet) ebenfalls dazu geben. Butter in kleinen Flöckchen einarbeiten und alles rasch zu einem glatten Teig verkneten.

Aus dem Teig zwei kleine Stollen formen und auf einem mit Backpapier belegten Blech oder in entsprechenden Formen bei 175°C Ober- und Unterhitze ca. 45 – 50 Minuten backen, bei einem großen Stollen entsprechend länger. Stollen noch heiß mit zerlassener Butter bestreichen und reichlich mit der Zuckermischung bestreuen.

Walnuss-Quitten-Lebkuchen

2 Eier
170 g Zucker
1 P. Vanillezucker
1 Prise Salz
Abrieb ½ unbehandelten Zitrone
25 g kandierter Ingwer, fein gehackt
50 g Orangeat, fein gehackt
150 g gehackte Walnüsse
150 g gemahlene Walnüsse
50 g Zartbitterschokolade, gerieben oder gehackt
2 EL Quittenkonfitüre
50 g Mehl
½ P. Backpulver
Back-Oblaten, Durchmesser 5 cm oder kleiner

Zum Bestreichen:
4 EL Quittenkonfitüre
250 g Zartbitter-Kuvertüre

Eier mit Zucker, Vanillezucker und Salz zu einer steifen Schaummasse rühren, Zitronenabrieb, Ingwer und Orangeat dazugeben. Nach und nach Walnüsse, Schokolade und Quittenkonfitüre unterrühren. Das mit Backpulver vermischte Mehl (nach Bedarf) untermengen.

Den festen Teig mit einem Messer auf kleine Oblaten streichen. Bei 160°C Ober- und Unterhitze ca. 20 Minuten backen. Die Lebkuchen noch heiß mit erhitzter Quittenkonfitüre bestreichen. Konfitüre was antrocknen lassen, dann die Lebkuchen mit Kuvertüre überziehen.

TIPP: Nuss- und Mehlmenge richten sich nach der Größe der Eier. Im Zweifelsfall eher Mehl einsparen und mehr Nüsse verwenden.
Man kann die Back-Oblaten mit einem kleinen scharfen Messer waagrecht spalten, so sind sie nach dem Backen der Lebkuchen kaum zu spüren.

Zitronencreme-Karos

Teig:

200 g Mehl
½ TL Backpulver
1 Prise Salz
80 g Zucker
½ P. Vanillezucker
1 Ei
etwas abgeriebene Schale einer großen, unbehandelten Zitrone
125 g Butter

Füllung:

100 g Puderzucker
Saft und restliche Schale der Zitrone
80 g Butter
Puderzucker zum Besieben

Mehl mit Backpulver und Salz vermischen, auf die Arbeitsfläche geben, in die Mitte eine Vertiefung eindrücken. Zucker, Vanillezucker, Ei und etwas abgeriebene Zitronenschale hinein geben und mit etwas Mehl vermengen. Butter in kleinen Flöckchen dazu geben und alles zusammen rasch zu einem glatten Teig verkneten. Zugedeckt oder in Folie gewickelt etwa 1 Stunde kühl ruhen lassen.

Teig auf einer bemehlten Fläche etwa 3 mm dick zu einem Rechteck ausrollen, dann mit einem Teigrädchen etwa 3 cm breite Karos ausradeln. Diese auf einem mit Backpapier belegten Blech bei 175°C Ober- und Unterhitze etwa 8 – 10 Minuten backen.

Für die Fülle die restliche Zitronenschale abreiben und beiseite stellen. Zitrone dann auspressen, in diesem Saft den Puderzucker bei sanfter Hitze so lange

köcheln, bis Tropfen am Schneebesen hängen bleiben. Nach dem Abkühlen die geriebene Zitronenschale dazu geben. Butter hell schaumig rühren, dann löffelweise die abgekühlte Zitronenmasse unterrühren.

Die abgekühlten Karos mit der Zitronencreme füllen: Zitronencreme in einen Spritzbeutel füllen, auf die Unterseite eines Karos etwas Creme aufspritzen, ein zweites Karo daraufsetzen und sanft andrücken. Karos bis zum Verzehr kalt gestellt durchziehen lassen, dann mit etwas Puderzucker besieben.

Zitronentarte

Boden:
200 g Mehl
1 TL Backpulver
1 Prise Salz
75 g Zucker
1 P. Vanillezucker
2 Eiweiß
100 g Butter

Fülle:
3 unbehandelte Zitronen
6 Eidotter
120 g Zucker
1 P. Vanillezucker
300 g (2 Becher) Crème fraîche
1 EL Vanillepuddingpulver
3 EL Sahne

Das mit Backpulver vermischte Mehl auf die Arbeitsfläche geben, in die Mitte eine Vertiefung eindrücken, Salz, Zucker, Vanillezucker und Eiweiß hineingeben und mit etwas Mehl vermengen. Butter in kleinen Flöckchen zufügen und alles zu einem glatten Teig verkneten. Teig mindestens 30 Minuten kühl ruhen lassen, dann ausrollen und in eine gefettete flache Tarteform legen, einen Rand hochziehen.

Für die Fülle die Schale von drei Zitronen abreiben und den Saft von zwei Zitronen auspressen. Eidotter mit Zucker und Vanillezucker zu einer hellen Schaummasse schlagen, Crème fraîche unterrühren. Vanillepuddingpulver mit Sahne anrühren, dann ebenfalls untermengen. Nun die abgeriebene Zitronenschale und den Zitronensaft unterrühren und die Fülle auf den Teigboden geben.

Tarte bei 175°C Ober- und Unterhitze auf der unteren Schiene etwa 25 Minuten backen, dann bei 160°C weitere 10 - 15 Minuten. Eventuell mit Backpapier abdecken, falls der Belag bräunt. Die Zitronentarte vor dem Servieren gut durchkühlen lassen.

ANHANG

Dankesworte

Die Idee zu diesem Kochbuch entstand durch die vielen Gäste des Hauses, die immer wieder nach den Rezepten und der Zubereitung der aufgetragenen Speisen gefragt haben. Mit diesem Kochbuch können nicht nur unsere Gäste, sondern alle an bekömmlichen, abwechslungsreichen Gerichten Interessierten die Lieblings-Speisen aus dem BildungsZentrum nachkochen.

So freuen wir uns sehr, dass unser Projekt umgesetzt werden konnte und möchten ein herzliches Danke sagen:

Abt em. Berthold Heigl OSB, der gemeinsam mit Irmi Hofmann schon einige Kochbücher herausgegeben und den Kontakt zu ihr als Autorin hergestellt hat. Als Initiator und jahrelanger geistlicher Assistent des Hauses ist er für viele Menschen ein seelsorglicher Begleiter.

Irmi Hofmann, die mit viel Liebe und Herz das Küchenteam zu Höchstleistungen angespornt und das Projekt geleitet und realisiert hat. Ein großer Dank gilt auch ihrem Ehemann Franz für seine vielfältige Mitarbeit.

Eva Maderthaner, unserer Wirtschaftsleiterin, die mit viel Engagement und Freude gemeinsam mit Irmi Hofmann die Rezepte ausgewählt, das Küchenteam mit Schwung koordiniert und einen Großteil der Speisen fotografiert hat sowie den Köchinnen Heidi Stockinger, Simone Losbichler und Katja Wimmer, die über sich hinausgewachsen sind und ihre kreativen Talente zum Ausdruck brachten.

Dem gesamten Team des BildungsZentrums: Jeder Bereich trägt dazu bei, dass das Haus Gastfreundschaft, Atmosphäre und Qualität ausstrahlt.

Mag.ᵃ Lucia Deinhofer, Direktorin   *Mag. Johannes Deinhofer, Direktor*

Das Gesamtteam (v.l.): Michael Wagner, Leopoldine Reitner, Michaela Mayer, Simone Losbichler, Hermann Obermüller, Ingrid Pfaffenbichler, Katja Wimmer, Lucia Deinhofer, Hannelore Hirtenlehner, Johannes Deinhofer, Heidi Stockinger, Eva Maderthaner, Renate Poustka, Gabriela Etzlstorfer, Margarethe Gruber, Brigitte Hofschwaiger, Rosina Großbichler

G erne gibt man seinen Lieben, Kindern, Freunden und Gästen Rezepte wei-
ter, wenn die Gerichte geschmeckt haben und recht gelobt wurden. In mei-
ner mehr als 25-jährigen Tätigkeit als Kochbuchautorin ist es mir seit jeher ein
Anliegen, schmackhafte, gesunde, traditionelle, saisongemäße Rezepte für die
nächste Generation zu bewahren und als einen kulinarischen Schatz in gebunde-
ner Buchform weiterzugeben.

Für das Vertrauen, den „Rezepte-Schatz" des BildungsZentrums zu bearbeiten und
die Möglichkeit, diesen Schatz vielen begeisterten Köchinnen und Köchen zum
eigenen guten Nutzen weiterzugeben, danke ich dem Vorsitzenden des Kuratoriums des BildungsZentrums, Weihbischof Dr. Anton Leichtfried und seinem
Direktorium, Mag.ᵃ Lucia Deinhofer und Mag. Johannes Deinhofer, herzlich.

Dass die Chemie in der Küche stets stimmte und das professionelle Zusammen-
arbeiten so viel Freude machte, trotz des küchen-üblichen Zeitdrucks, verdanke
ich der Wirtschaftsleiterin, Eva Maderthaner, und ihrem engagierten Küchenteam.

Für Leib und Seele war bei unseren Arbeitsaufenthalten stets gesorgt, dafür
danken mein Mann und ich dem gesamten Team des BildungsZentrums herzlich.

Der Verlagsleitung der Gietl Verlage, Heinrich Gietl und Josef Roidl, und ihrem
gesamten Team sei herzlich gedankt für die gute Begleitung und Unterstützung bei
der Entstehung dieses Kochbuches.

Allen Leserinnen und Lesern wünsche ich viel Freude beim Kochen und eine
gesegnete Mahlzeit.

Irmi Hofmann

*Das Küchenteam(v.l.): Eva Maderthaner, Katja Wimmer, Heidi Stockinger,
Simone Losbichler*

Bild- und Textnachweis

Titelfotos, Foto Umschlagrückseite, Rezeptfotos, Fotos und Texte auf den Doppelseiten zur Kapiteleinleitung: BildungsZentrum St. Benedikt, Seitenstetten

Fotos F. Hofmann: S. 29, S. 75, S. 99, S. 129, S. 139, S. 157

Fotos zur Kapiteleinleitung:
Kapitel 1: BildungsZentrum St. Benedikt im Frühling, S.10
Kapitel 2: Gartenteich mit Klatschmohn, S.36
Kapitel 3: Meditationsraum, S.58
Kapitel 4: Kräuterspirale, S.82
Kapitel 5: Wiesenlabyrinth, S.104
Kapitel 6: Margerite, S.126
Anhang: Kraftquelle Wasser, S.150

Tischgebet (Kapitel 6, S. 126) aus: Georg Schwikart, 100 Tischgebete. Verlag Herder 2009, ISBN 978-3-451-32501-4

Auf dem Titelbild (v. l.): Abt em. Berthold Heigl OSB, Mag.[a] Lucia Deinhofer, Eva Maderthaner, Weihbischof Anton Leichtfried, Mag. Johannes Deinhofer, Irmi Hofmann, Abt Petrus Pilsinger OSB im Garten des BildungsZentrums St. Benedikt in Seitenstetten

Buchumschlag-Rückseite (v. l.): Eva Maderthaner und Irmi Hofmann in der Küche des BildungsZentrums St. Benedikt

Rezeptregister

Irmi Hofmann ist seit mehr als 25 Jahren als Kochbuchautorin mit bislang 16 Titeln im bayerischen und österreichischen Raum erfolgreich tätig. Nach dem Bestseller „Schmankerl aus dem Bauernjahr" (1990) erschien 1996 das erste Kloster-Koch- und -Lesebuch, „Köstlichkeiten aus Klöstern", im Ehrenwirth-Verlag. Ihre im SüdOstVerlag erschienene bewährte „weiße Reihe", behauptet sich mit traditionellen Rezepten aus Ostbayern schon sehr lange auf dem Markt. Nach drei Kochbüchern aus dem Benediktinerstift Seitenstetten, die Abt em. Berthold Heigl OSB als Fotograf illustrierte, erschienen von ihr zuletzt im SüdOstVerlag die „Schmankerl aus der Klosterküche".

Die Mittelschul-, Beratungs- und Religionslehrerin (im Ruhestand), war in ihrer Familienzeit Redakteurin und Moderatorin beim Lokalfunk, ist verheiratet und Mutter von drei erwachsenen Söhnen.

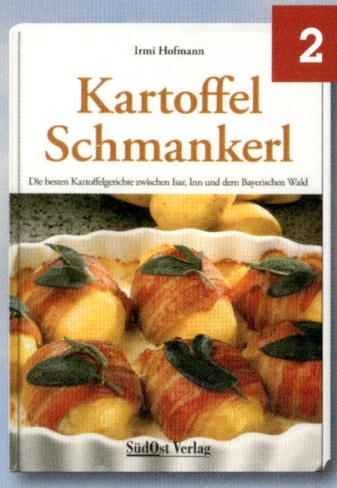